DESCARGO DE RESPONSABILIDAD

Este libro se ofrece con el propósito de proporcionar información general sobre los temas tratados y no debe interpretarse como asesoramiento financiero, legal o profesional. Las opiniones expresadas son del autor y no representan necesariamente las opiniones de la editorial o de ninguna otra organización con la que el autor esté asociado.

Aunque se ha hecho todo lo posible para asegurar la exactitud de la información presentada, el autor y la editorial no asumen ninguna responsabilidad por errores, omisiones o interpretaciones incorrectas de los temas discutidos. Los lectores deben consultar a profesionales cualificados para obtener asesoramiento específico adaptado a su situación particular.

El autor y la editorial no serán responsables por ninguna pérdida o daño, directo o indirecto, que surja del uso de la información contenida en este libro. La responsabilidad de las decisiones financieras y de otra índole tomadas por los lectores en base a la información contenida en este libro recae exclusivamente en ellos. Las menciones de productos, servicios, empresas o individuos no constituyen un respaldo o recomendación. El contenido de este libro es para fines educativos e informativos y no debe ser utilizado como una base única para la toma de decisiones importantes.

Derechos de autor © 2024 por Merche Garrido. Todos los derechos reservados. No se permite la reproducción total o parcial de este libro sin el permiso previo por escrito del autor.

Por favor, asegúrese de leer este DESCARGO DE RESPONSABILIDAD con atención y usar el contenido del libro de manera responsable y con discernimiento.

El Idioma del Dinero

Parte I: Fundamentos del Dinero
1. La Historia del Dinero: Desde el Trueque hasta las Criptomonedas
2. El Valor del Dinero: Más Allá del Papel y la Moneda
3. Economía Básica: Oferta, Demanda y Equilibrio
4. Moneda y Bancos Centrales: Cómo se Controla la Economía
5. Inflación y Deflación: El Pulso de la Economía

Parte II: Dinero Personal
6. Gestión Financiera Personal: Presupuestos y Ahorros
7. El Poder del Interés Compuesto: Hacer Crecer tu Dinero
8. Deudas y Créditos: El Doble Filo del Dinero Prestado

9. Inversiones Básicas: Acciones, Bonos y Fondos Mutuos
10. Planificación Financiera a Largo Plazo: Jubilación y Herencia
Parte III: Dinero y Negocios
11. Emprendimiento: Convertir Ideas en Dinero
12. Financiación Empresarial: De la Banca a los Inversores Ángeles
13. Contabilidad para No Contadores: Entendiendo los Números de tu Negocio
14. Marketing y Ventas: Generando Ingresos Sostenibles
15. Escalando el Negocio: Expansión y Globalización
Parte IV: Inversiones y Mercados
16. La Bolsa de Valores: Cómo Funciona y Cómo Participar
17. Inversiones Alternativas: Bienes Raíces, Arte y Más
18. Criptomonedas: El Futuro del Dinero Digital
19. Gestión de Riesgos: Proteger tu Capital en Mercados Volátiles

Parte V: Dinero y Sociedad
20. Emociones del Ser Humano a Causa del Dinero
21. El Dinero como Energía
22. Dinero y Tecnología: Innovaciones que Transforman la Economía
23. El Futuro del Dinero: Tendencias y Predicciones
Parte VI: Filosofía del Dinero
24. La Psicología del Dinero: Comportamiento Financiero Humano
25. El Dinero como Herramienta para la Vida
26. ¿Qué es Optimización Financiera?
27. Formas de Ganar Dinero

Capítulo 1: La Historia del Dinero: Desde el Trueque hasta las Criptomonedas

El dinero es un concepto que ha evolucionado significativamente a lo largo de la historia humana. Desde las primeras formas de trueque hasta las modernas criptomonedas, el dinero ha transformado la manera en que las sociedades interactúan, comercian y prosperan. Este capítulo explora la fascinante evolución del dinero, destacando los hitos clave que han marcado su desarrollo.

El Trueque: Los Primeros Intercambios
Antes de la invención del dinero, las sociedades primitivas dependían del trueque, un sistema en el que bienes y servicios se intercambiaban directamente por otros bienes y servicios. Aunque funcional en pequeñas comunidades, el trueque presentaba varios desafíos, principalmente la doble coincidencia de necesidades:

ambas partes debían querer lo que la otra ofrecía en el mismo momento.

Los Primeros Formas de Dinero
Para superar las limitaciones del trueque, las civilizaciones antiguas comenzaron a utilizar objetos que todos valoraban y aceptaban como medio de intercambio. Estos incluían:
- *Conchas Marinas:* Usadas por civilizaciones costeras.
- *Granos y Sal: U*tilizados por sociedades agrícolas.
- *Piedras Raí:* Grandes discos de piedra utilizados en la isla de Yak.

Estos objetos no eran dinero en el sentido moderno, pero sentaron las bases para la estandarización y aceptación generalizada de ciertos medios de intercambio.

El Nacimiento de la Moneda
El uso de metales preciosos como el oro y la plata representó un avance significativo. Las primeras monedas conocidas aparecieron alrededor del 600 a.C. en el reino de Lidia, en lo que hoy es Turquía. Estas monedas eran piezas de metal estandarizadas con inscripciones que certificaban su peso y valor. Este desarrollo facilitó el comercio a gran escala y entre regiones distantes.

La Era del Papel Moneda
El papel moneda se originó en China durante la dinastía Tang (618-907 d.C.) y se popularizó en la dinastía Song (960-1279 d.C.). Los comerciantes utilizaban recibos de depósito en lugar de transportar grandes cantidades de monedas de metal. Con el tiempo, estos recibos se convirtieron en una forma de dinero en sí mismos.

Europa adoptó el papel moneda mucho más tarde, en el siglo XVII, con la fundación del Banco de Inglaterra. El papel moneda ofrecía ventajas significativas: era más fácil de transportar, almacenar y transferir que las monedas metálicas.

El Sistema de Patrón Oro
Durante el siglo XIX, muchas naciones adoptaron el patrón oro, un sistema en el que la cantidad de dinero en circulación estaba directamente vinculada a una cantidad específica de oro. Esto proporcionó estabilidad y confianza en el valor del dinero, facilitando el comercio internacional. Sin embargo, el patrón oro también limitaba la flexibilidad de los gobiernos para manejar la economía, ya que no podían emitir más dinero del que podían respaldar con sus reservas de oro.

La Era del Dinero Fiat

En el siglo XX, los países comenzaron a abandonar el patrón oro, especialmente durante y después de la Gran Depresión y la Segunda Guerra Mundial. En 1971, Estados Unidos, bajo la presidencia de Richard Nixon, terminó oficialmente la convertibilidad del dólar en oro, marcando el fin del sistema de Bretton Woods y el inicio de la era del dinero Fiat.

El dinero Fiat es dinero que no está respaldado por un valor físico como el oro, sino por la confianza en el gobierno que lo emite. Esto permite a los bancos centrales mayor flexibilidad para manejar la oferta monetaria y responder a las crisis económicas, aunque también puede llevar a problemas como la inflación.

La Revolución Digital y las Criptomonedas

El avance de la tecnología en las últimas décadas ha llevado a la creación de nuevas formas de dinero digital. La más revolucionaria ha sido el surgimiento de las criptomonedas. En 2009, una entidad anónima bajo el seudónimo de Satoshi Nakamoto lanzó Bitcoin, la primera criptomoneda, basada en una tecnología conocida como blockchain.

Las criptomonedas ofrecen varias ventajas: transacciones rápidas y seguras, independencia de los sistemas bancarios tradicionales y una oferta monetaria limitada, lo que puede proteger contra la inflación. Sin embargo, también presentan desafíos, como la volatilidad de los precios y la regulación gubernamental.

Desde el trueque hasta las criptomonedas, la historia del dinero es una crónica de innovación y adaptación. Cada etapa de su evolución ha reflejado y respondido a las necesidades y desafíos de su tiempo. A medida que avanzamos hacia un futuro digital, es probable que sigamos viendo transformaciones en cómo concebimos y utilizamos el dinero, moldeadas por las tecnologías emergentes y las dinámicas económicas globales.

Capítulo 2: El Valor del Dinero: Más Allá del Papel y la Moneda

El dinero, en su forma física de papel y moneda, puede parecer simple a primera vista. Sin embargo, su verdadero valor va mucho más allá de su representación física. Este capítulo explora las múltiples dimensiones del valor del dinero, desde su capacidad para facilitar el intercambio hasta su papel en la economía global y su influencia en la vida cotidiana de las personas.

El Dinero como Medio de Intercambio

El dinero es fundamentalmente un medio de intercambio. Permite que las personas compren y vendan bienes y servicios sin necesidad de trueque. Este papel es crucial porque elimina la necesidad de una coincidencia de deseos entre las partes involucradas en una transacción, facilitando así el comercio y la especialización. Sin un medio de intercambio eficiente, las economías modernas no podrían funcionar.

Unidad de Cuenta y Medida de Valor
El dinero también actúa como una unidad de cuenta, proporcionando una medida común que permite comparar el valor de diferentes bienes y servicios. Este rol es esencial para la economía porque permite a las personas y empresas tomar decisiones informadas sobre producción, consumo y ahorro. Además, estandariza el valor de los bienes y servicios, facilitando la planificación y la contabilidad.

Reserva de Valor
Uno de los roles más importantes del dinero es actuar como reserva de valor. Esto significa que el dinero puede ser guardado y utilizado en el futuro sin perder su valor de manera significativa. Este atributo permite a las personas acumular ahorros y planificar para el futuro, ya sea para grandes compras, inversiones o para asegurar su bienestar financiero en tiempos de incertidumbre económica.

El Dinero y la Confianza
El valor del dinero también está intrínsecamente ligado a la confianza. En una economía moderna, el dinero no tiene valor intrínseco; en lugar de ello, su valor proviene de la confianza que las personas tienen en que podrán utilizarlo para realizar transacciones en el futuro. Los billetes de banco y las monedas son promesas del gobierno y las instituciones financieras de que tienen valor, y esta confianza es lo que mantiene el sistema funcionando.

El Impacto de la Inflación
La inflación es un factor clave que puede afectar el valor del dinero. Cuando los precios de los bienes y servicios suben, el poder adquisitivo del dinero disminuye. Esto significa que con la misma cantidad de dinero, se pueden comprar menos bienes y servicios. La inflación moderada es normal en una economía en crecimiento, pero la alta inflación puede erosionar rápidamente los ahorros y desestabilizar la economía.

Dinero Digital y su Valor
En la era digital, el concepto de dinero ha evolucionado. Las transacciones electrónicas y las criptomonedas como Bitcoin han introducido nuevas formas de valor monetario. Aunque las criptomonedas no tienen una representación física, su valor se basa en la tecnología blockchain y en la confianza de sus usuarios. Las

criptomonedas presentan una alternativa al dinero tradicional y tienen el potencial de transformar la economía global.

El Valor Psicológico del Dinero
El dinero también tiene un valor psicológico significativo. Más allá de su capacidad para comprar bienes y servicios, el dinero puede representar seguridad, poder y éxito. La manera en que las personas perciben y utilizan el dinero puede afectar su bienestar emocional y psicológico. La relación con el dinero puede influir en la autoestima, las relaciones personales y las decisiones de vida.

El Dinero en la Economía Global
El dinero también juega un papel crucial en la economía global. Las monedas nacionales y las políticas monetarias de los gobiernos afectan el comercio internacional, las inversiones y la estabilidad económica mundial. Las tasas de cambio entre diferentes monedas influyen en los flujos de comercio y capitales, y las decisiones de los bancos centrales sobre la oferta monetaria pueden tener repercusiones globales.

El valor del dinero es un concepto multifacético que va mucho más allá del papel y la moneda. Como medio de intercambio, unidad de cuenta, reserva de valor y símbolo de confianza, el dinero es fundamental para el funcionamiento de la economía. En la era digital, su valor continúa evolucionando, influenciado por factores tecnológicos y económicos. Comprender estas dimensiones del valor del dinero es esencial para navegar en el complejo mundo financiero de hoy y del futuro.

Capítulo 3: Economía Básica: Oferta, Demanda y Equilibrio

La economía es la ciencia que estudia cómo las sociedades gestionan los recursos escasos para satisfacer sus necesidades y deseos. En el corazón de esta disciplina se encuentran los conceptos de oferta, demanda y equilibrio. Este capítulo examina estos fundamentos de la economía, explicando cómo interactúan para determinar los precios y la cantidad de bienes y servicios en un mercado.

La Demanda: ¿Qué Quieren los Consumidores?
La demanda se refiere a la cantidad de un bien o servicio que los consumidores están dispuestos y son capaces de comprar a diferentes precios, en un período determinado.

La ley de la demanda establece que, manteniéndose todo lo demás constante, a medida que el precio de un bien disminuye, la cantidad demandada aumenta, y viceversa. Esta relación inversa se puede ilustrar mediante una curva de demanda, que generalmente tiene una pendiente negativa.

Factores que Influyen en la Demanda:
1. *Precio del Bien:* Es el factor más directo; precios más bajos tienden a aumentar la demanda.
2. *Ingresos de los Consumidores:* A mayor ingreso, mayor demanda de bienes normales; los bienes inferiores ven una disminución en la demanda.
3. *Precios de Bienes Relacionados:* Bienes sustitutos (si el precio de uno sube, aumenta la demanda del otro) y complementarios (si el precio de uno sube, disminuye la demanda del otro).
4. *Preferencias y Gustos:* Cambios en las modas, publicidad y percepciones pueden alterar la demanda.
5. *Expectativas Futuras:* Expectativas de cambios en precios o ingresos pueden afectar la demanda actual.
6. *Número de Consumidores:* Un aumento en la población o en el número de compradores potenciales aumenta la demanda.

La Oferta: ¿Qué Ofrecen los Productores?
La oferta se refiere a la cantidad de un bien o servicio que los productores están dispuestos y son capaces de vender a diferentes precios, en un período determinado. La ley de la oferta establece que, manteniéndose todo lo demás constante, a medida que el precio de un bien aumenta, la cantidad ofrecida también aumenta, y viceversa. Esta relación directa se puede ilustrar mediante una curva de oferta, que generalmente tiene una pendiente positiva.

Factores que Influyen en la Oferta:
1. *Precio del Bien:* Precios más altos incentivan a los productores a aumentar la cantidad ofrecida.
2. *Costos de Producción:* Costos más bajos (debido a mejoras tecnológicas o reducciones en el precio de insumos) aumentan la oferta.
3. *Tecnología:* Avances tecnológicos que mejoran la eficiencia productiva pueden aumentar la oferta.
4. *Precios de Bienes Relacionados:* La producción de bienes relacionados puede afectar la oferta (por ejemplo, si un productor de leche decide producir más queso, podría ofrecer menos leche).
5. *Expectativas Futuras:* Expectativas de cambios en precios futuros pueden hacer que los productores ajusten su oferta actual.
6. *Número de Proveedores:* Un aumento en el número de productores generalmente incrementa la oferta.

El Equilibrio del Mercado

El equilibrio del mercado se alcanza cuando la cantidad demandada iguala la cantidad ofrecida a un precio particular. Este punto de equilibrio se representa gráficamente en la intersección de las curvas de oferta y demanda. En equilibrio, el mercado está "limpio," es decir, no hay excedentes (exceso de oferta) ni escasez (exceso de demanda).

Dinámica del Equilibrio:
- **Exceso de Oferta (Excedente):** Ocurre cuando el precio está por encima del nivel de equilibrio, llevando a una cantidad ofrecida mayor que la demandada. Los productores bajan los precios para vender el exceso de inventario, moviéndose hacia el equilibrio.
- **Exceso de Demanda (Escasez):** Ocurre cuando el precio está por debajo del nivel de equilibrio, llevando a una cantidad demandada mayor que la ofrecida. Los consumidores compiten por los bienes escasos, lo que sube los precios hacia el equilibrio.

Desplazamientos en las Curvas de Oferta y Demanda

Las curvas de oferta y demanda pueden desplazarse debido a cambios en los factores que las afectan, resultando en nuevos puntos de equilibrio.

Desplazamiento de la Curva de Demanda:
- Un aumento en la demanda desplaza la curva hacia la derecha, aumentando tanto el precio de equilibrio como la cantidad.
- Una disminución en la demanda desplaza la curva hacia la izquierda, reduciendo tanto el precio de equilibrio como la cantidad.

Desplazamiento de la Curva de Oferta:
- Un aumento en la oferta desplaza la curva hacia la derecha, reduciendo el precio de equilibrio y aumentando la cantidad.
- Una disminución en la oferta desplaza la curva hacia la izquierda, aumentando el precio de equilibrio y reduciendo la cantidad.

Elasticidad: Sensibilidad de la Oferta y la Demanda

La elasticidad mide la sensibilidad de la cantidad demandada u ofrecida a cambios en el precio.

- **Elasticidad de la Demanda:** Alta elasticidad significa que una pequeña variación en el precio genera una gran variación en la cantidad demandada. Los bienes de lujo tienden a tener una alta elasticidad, mientras que los bienes necesarios suelen tener una baja elasticidad.
- **Elasticidad de la Oferta:** Alta elasticidad significa que los productores pueden cambiar rápidamente la cantidad ofrecida en respuesta a cambios de precio. Esto depende de factores como la disponibilidad de recursos y la flexibilidad en el proceso de producción.

Entender los conceptos básicos de oferta, demanda y equilibrio es crucial para comprender cómo funcionan los mercados. Estos principios no solo ayudan a explicar cómo se determinan los precios y las cantidades de bienes y servicios, sino también cómo responden los mercados a cambios en las condiciones económicas. A medida que avancemos en este libro, estos fundamentos servirán como base para explorar temas más complejos en la economía y las finanzas.

Capítulo 4: Moneda y Bancos Centrales: Cómo se Controla la Economía

Los bancos centrales juegan un papel fundamental en la gestión de la economía de un país. Controlan la oferta monetaria, establecen las tasas de interés y supervisan el sistema financiero. Este capítulo explora las funciones de los bancos centrales, cómo influyen en la economía a través de la política monetaria y las herramientas que utilizan para mantener la estabilidad económica.

El Papel de los Bancos Centrales

Un banco central es una institución nacional que supervisa y gestiona el sistema monetario y financiero de un país. Los principales objetivos de un banco central suelen incluir:
- *Estabilidad de Precios:* Controlar la inflación y mantener el poder adquisitivo de la moneda.
- *Pleno Empleo:* Promover condiciones económicas que maximicen el empleo.
- *Estabilidad Financiera:* Supervisar y regular el sistema bancario para evitar crisis financieras.

Ejemplos de bancos centrales incluyen la Reserva Federal (Fed) en Estados Unidos, el Banco Central Europeo (BCE), el Banco de Inglaterra (BoE) y el Banco de Japón (BoJ).

La Política Monetaria

La política monetaria se refiere a las acciones que toma un banco central para gestionar la oferta de dinero y las tasas de interés con el fin de influir en la economía. Hay dos tipos principales de política monetaria:
- *Política Monetaria Expansiva:* Se utiliza para estimular la economía durante periodos de recesión o bajo crecimiento. Implica aumentar la oferta monetaria y reducir las tasas de interés para fomentar el gasto y la inversión.
- *Política Monetaria Contractiva:* Se emplea para enfriar una economía sobrecalentada y controlar la inflación. Implica reducir la oferta monetaria y aumentar las tasas de interés para desacelerar el gasto y la inversión.

Herramientas de la Política Monetaria
Los bancos centrales utilizan varias herramientas para implementar la política monetaria:

1. Operaciones de Mercado Abierto (OMA):
- *Definición:* Consisten en la compra y venta de valores del gobierno en el mercado abierto.
- *Explicación:* Cuando un banco central compra valores, aumenta la oferta de dinero y reduce las tasas de interés. Cuando vende valores, reduce la oferta de dinero y aumenta las tasas de interés.

2. Tasa de Descuento:
- *Definición:* Es la tasa de interés que los bancos comerciales deben pagar para pedir prestado dinero del banco central.
- *Explicación:* Al reducir la tasa de descuento, los bancos centrales hacen que sea más barato para los bancos comerciales pedir prestado dinero, aumentando así la oferta de dinero. Aumentar la tasa de descuento tiene el efecto contrario.

3. Requerimientos de Reserva:
- *Definición:* Es el porcentaje de depósitos que los bancos comerciales deben mantener en reserva y no prestar.
- *Explicación:* Reducir los requerimientos de reserva aumenta la cantidad de dinero que los bancos pueden prestar, incrementando la oferta de dinero. Aumentar los requerimientos de reserva reduce la oferta de dinero.

4. Facilidades de Crédito y Préstamos:
- *Definición:* Programas especiales que proporcionan liquidez adicional al sistema financiero.
- *Explicación:* Durante crisis financieras, los bancos centrales pueden ofrecer préstamos a largo plazo a tasas de interés favorables para garantizar la estabilidad del sistema bancario.

Objetivos de la Política Monetaria
Los bancos centrales establecen objetivos específicos para guiar sus políticas monetarias. Algunos de los principales objetivos incluyen:

- *Inflación:* Mantener la inflación en un nivel bajo y estable (por ejemplo, el BCE tiene un objetivo de inflación cercano pero por debajo del 2%).
- *Tasa de Desempleo:* Reducir el desempleo a niveles considerados sostenibles y saludables para la economía.
- *Crecimiento Económico:* Promover un crecimiento económico estable y sostenible.
- *Estabilidad Financiera:* Evitar burbujas financieras y mantener la confianza en el sistema bancario.

Efectos de la Política Monetaria en la Economía
La política monetaria influye en la economía de varias maneras:
1. Consumo y Ahorro:
 - Las tasas de interés bajas estimulan el consumo y desalientan el ahorro, ya que los costos de endeudamiento son menores.
 - Las tasas de interés altas desalientan el consumo y fomentan el ahorro, ya que el costo de endeudamiento es mayor.
2. Inversión:
 - Las tasas de interés bajas reducen el costo de los préstamos para las empresas, fomentando la inversión en capital y expansión.
 - Las tasas de interés altas aumentan el costo de los préstamos, reduciendo la inversión empresarial.
3. Tipos de Cambio:
 - Las tasas de interés bajas pueden devaluar la moneda nacional, haciendo que las exportaciones sean más competitivas pero encareciendo las importaciones.
 - Las tasas de interés altas pueden apreciar la moneda nacional, encareciendo las exportaciones pero abaratando las importaciones.
4. Mercados Financieros:
 - Las tasas de interés bajas pueden aumentar los precios de los activos financieros como acciones y bonos, debido a la mayor disponibilidad de dinero y menor costo de oportunidad.
 - Las tasas de interés altas pueden reducir los precios de los activos financieros, debido a la menor disponibilidad de dinero y mayor costo de oportunidad.
Desafíos y Limitaciones
A pesar de su importancia, los bancos centrales enfrentan varios desafíos y limitaciones:
- *Retrasos en los Efectos:* Las políticas monetarias no tienen un impacto inmediato; puede llevar tiempo ver los efectos completos en la economía.
- *Expectativas del Mercado:* Las expectativas de los consumidores y las empresas sobre la inflación y las tasas de interés pueden influir en la efectividad de la política monetaria.
- *Choques Externos* : Factores externos, como crisis financieras globales o fluctuaciones en los precios de las materias primas, pueden limitar la efectividad de la política monetaria.
- *Trampa de Liquidez:* En situaciones de tasas de interés extremadamente bajas, los bancos centrales pueden tener dificultades para estimular la economía adicionalmente, una situación conocida como trampa de liquidez.

Los bancos centrales desempeñan un papel crucial en la gestión de la economía mediante la implementación de políticas monetarias que afectan la oferta de dinero y las tasas de interés. A través de herramientas como las operaciones de mercado abierto, la tasa de descuento y los requerimientos de reserva, los bancos centrales trabajan para mantener la estabilidad de precios, promover el empleo y garantizar la estabilidad financiera. Comprender cómo operan los bancos centrales y las herramientas que utilizan es esencial para comprender el funcionamiento de la economía global y las estrategias para mantener su estabilidad.

Capítulo 5: Inflación y Deflación: El Pulso de la Economía

La inflación y la deflación son fenómenos económicos que afectan el poder adquisitivo del dinero y la estabilidad económica de un país. La inflación se refiere al aumento generalizado y sostenido de los precios de los bienes y servicios, mientras que la deflación es la disminución generalizada de esos mismos precios. Este capítulo explora las causas, efectos y estrategias de manejo de la inflación y la deflación, así como su impacto en la economía.

Inflación: Causas y Tipos

La inflación puede surgir por diversas razones, y se clasifica en varios tipos según sus causas:

1. Inflación de Demanda:
   - *Definición:* Ocurre cuando la demanda de bienes y servicios supera la capacidad de producción de la economía.
   - *Causas:* Puede ser resultado de un aumento en el consumo, inversiones masivas, políticas fiscales expansivas o crecimiento rápido del dinero en circulación.

2. Inflación de Costes:
   - *Definición:* Se produce cuando los costos de producción aumentan y los productores trasladan estos costos a los precios finales.
   - *Causas:* Aumento de los precios de las materias primas, salarios más altos, incrementos en los costos de energía o devaluación de la moneda.

3. Inflación Integrada:
   - *Definición:* Resulta de un ciclo de expectativas inflacionarias, donde los aumentos de precios llevan a demandas de salarios más altos, lo que a su vez genera más aumentos de precios.
   - *Causas:* Puede ser causada por políticas que indexan salarios y precios a la inflación pasada.

Efectos de la Inflación

La inflación tiene varios efectos en la economía, tanto positivos como negativos:

- Efectos Negativos:

- *Pérdida del Poder Adquisitivo:* La inflación reduce el valor real del dinero, disminuyendo el poder adquisitivo de los consumidores.

- *Distorsión en los Precios Relativos:* Puede distorsionar los precios relativos de los bienes y servicios, dificultando la toma de decisiones económicas eficientes.

- *Incertidumbre Económica:* La inflación alta y volátil genera incertidumbre, desincentivando la inversión y el ahorro.

- *Costos de Menú:* Las empresas enfrentan costos administrativos y operativos para actualizar constantemente los precios.

- Efectos Positivos:

- *Reducción de la Deuda Real:* La inflación puede beneficiar a los deudores, ya que reduce el valor real de las deudas a largo plazo.

- *Estimulación de la Producción:* Una inflación moderada puede estimular la producción y el empleo al incentivar el consumo y la inversión.

Deflación: Causas y Tipos

La deflación es un fenómeno menos común pero potencialmente más dañino que la inflación. Las principales causas de la deflación incluyen:

1. Deflación de Demanda:

- *Definición:* Ocurre cuando la demanda agregada disminuye significativamente, reduciendo los precios de los bienes y servicios.

- *Causas:* Puede ser provocada por una caída en el consumo, reducción de la inversión, políticas fiscales restrictivas o disminución de la oferta monetaria.

2. Deflación de Costes:

- *Definición:* Se produce cuando los costos de producción disminuyen, permitiendo a los productores bajar los precios.

- *Causas* : Reducción en los precios de las materias primas, mejoras tecnológicas que aumentan la eficiencia, o reducción de los salarios.

Efectos de la Deflación

La deflación puede tener efectos devastadores en la economía:

- Efectos Negativos:

- *Aumento del Valor Real de la Deuda:* La deflación incrementa el valor real de las deudas, perjudicando a los deudores y potencialmente conduciendo a quiebras.

- *Retraso en el Consumo e Inversión:* Las expectativas de precios más bajos en el futuro pueden llevar a consumidores y empresas a posponer gastos, reduciendo la demanda agregada.
- *Desempleo:* La caída en la demanda puede llevar a una reducción en la producción y al aumento del desempleo.
- *Espiral Deflacionaria* : Una vez iniciada, la deflación puede autoalimentarse, ya que la caída en los precios lleva a una disminución de la demanda, lo que a su vez provoca una mayor caída en los precios.

Medición de la Inflación y la Deflación

Los economistas utilizan varios índices para medir la inflación y la deflación, entre los cuales destacan:

1. Índice de Precios al Consumidor (IPC):
- *Definición:* Mide la variación promedio de los precios de una canasta de bienes y servicios representativa del consumo de los hogares.
- *Aplicación:* Es el índice más comúnmente utilizado para medir la inflación a nivel del consumidor.

2. Índice de Precios al Productor (IPP):
- *Definición:* Mide la variación de los precios a nivel de producción, es decir, los precios que reciben los productores por sus bienes y servicios.
- *Aplicación:* Permite prever cambios futuros en el IPC, ya que las variaciones en los precios de producción suelen trasladarse a los precios al consumidor.

3. Deflactor del PIB:
- *Definición:* Mide el nivel general de precios de todos los bienes y servicios incluidos en el Producto Interno Bruto (PIB).
- *Aplicación:* Proporciona una visión más amplia de la inflación en la economía, ya que incluye todos los bienes y servicios producidos.

Políticas para Manejar la Inflación y la Deflación

Los gobiernos y bancos centrales utilizan diversas políticas para controlar la inflación y la deflación:

1. Política Monetaria:
- *Control de la Oferta Monetaria:* A través de operaciones de mercado abierto, tasas de interés y requerimientos de reserva, los bancos centrales pueden influir en la cantidad de dinero en circulación.
- *Tasas de Interés:* Aumentar las tasas de interés para combatir la inflación o reducirlas para estimular la economía en tiempos de deflación.

2. Política Fiscal:
- *Gasto Público:* Aumentar el gasto público para estimular la demanda agregada durante periodos de deflación.
- *Impuestos:* Reducir impuestos para aumentar el ingreso disponible y estimular el consumo e inversión.

3. Política de Ingresos:
- *Control de Precios y Salarios:* En algunos casos, los gobiernos pueden imponer controles directos sobre precios y salarios para combatir la inflación, aunque estas medidas pueden tener efectos secundarios adversos.

La inflación y la deflación son indicadores clave del pulso económico de una nación. Comprender sus causas, efectos y cómo se miden es fundamental para formular políticas efectivas que mantengan la estabilidad económica. Mientras que la inflación moderada puede ser un signo de una economía en crecimiento, la alta inflación y la deflación presentan desafíos significativos que requieren intervenciones cuidadosas por parte de los responsables de la política económica. Al dominar estos conceptos, podemos navegar mejor las complejidades de la economía y tomar decisiones informadas para el futuro financiero.

Capítulo 6: Gestión Financiera Personal: Presupuestos y Ahorros

La gestión financiera personal es una habilidad esencial para asegurar el bienestar económico y alcanzar objetivos a corto y largo plazo. Este capítulo explora los fundamentos de la gestión financiera personal, centrándose en la creación de presupuestos y estrategias de ahorro. Al aprender a manejar el dinero de manera efectiva, es posible lograr una mayor estabilidad financiera y prepararse para el futuro.

La Importancia de un Presupuesto

Un presupuesto es una herramienta esencial para la gestión financiera personal. Permite planificar y controlar los ingresos y gastos, asegurando que se vivan dentro de las posibilidades económicas y se alcancen las metas financieras.

Beneficios de un Presupuesto:
- *Control del Gasto:* Identifica y reduce gastos innecesarios.
- *Ahorro Planificado:* Facilita la asignación de fondos para el ahorro y las inversiones.
- *Reducción de Deudas* : Ayuda a gestionar y pagar deudas de manera más eficiente.
- *Preparación para Emergencias:* Permite destinar fondos para imprevistos y emergencias.

Pasos para Crear un Presupuesto Eficaz
1. Evaluar los Ingresos:
   - *Identificar Todas las Fuentes de Ingreso:* Sueldo, inversiones, alquileres, etc.
   - *Calcular el Ingreso Neto:* El ingreso después de impuestos y otras deducciones.
2. Registrar los Gastos:
   - *Gastos Fijos* : Alquiler/hipoteca, servicios públicos, seguros, pagos de préstamos.
   - *Gastos Variables:* Alimentación, entretenimiento, transporte.
   - *Gastos Discrecionales:* Vacaciones, regalos, ocio.
3. Establecer Metas Financieras:
   - *Corto Plazo:* Comprar un electrodoméstico, pagar una deuda.
   - *Mediano Plazo:* Ahorrar para un coche, financiar la educación.
   - *Largo Plazo:* Ahorrar para la jubilación, comprar una casa.
4. Asignar Fondos a Cada Categoría:
   - *Priorizar Necesidades sobre Deseos:* Asegurar que los gastos esenciales estén cubiertos antes de considerar gastos discrecionales.
   - *Incorporar Ahorros e Inversiones:* Asignar una parte de los ingresos para el ahorro y las inversiones.
5. Monitorear y Ajustar:
   - *Seguimiento Regular:* Revisar el presupuesto mensualmente para asegurarse de que se está cumpliendo.
   - *Ajustes Necesarios:* Modificar el presupuesto según los cambios en ingresos y gastos.

Estrategias para Ahorrar Eficazmente
El ahorro es crucial para la estabilidad financiera y la consecución de metas a largo plazo. Aquí se presentan algunas estrategias para ahorrar de manera eficaz:
1. Pagar Primero a Uno Mismo:
   - *Automatizar Ahorros:* Configurar transferencias automáticas a cuentas de ahorro cada vez que se reciba el sueldo.
   - *Fondo de Emergencia:* Establecer un fondo de emergencia que cubra entre 3 y 6 meses de gastos esenciales.
2. Reducir Gastos Innecesarios:
   - *Auditar Gastos Mensuales:* Identificar áreas donde se puede reducir el gasto, como suscripciones innecesarias o comidas fuera de casa.
   - *Hacer Compras Inteligentes:* Aprovechar descuentos, cupones y comprar al por mayor cuando sea posible.
3. Ahorrar en Compras Grandes:

- *Investigar y Comparar Precios:* Antes de hacer una compra grande, comparar precios y leer opiniones para asegurarse de obtener el mejor valor.
- *Esperar Promociones y Ofertas:* Aprovechar rebajas y promociones para compras planificadas.

4. Aprovechar Incentivos de Ahorro e Inversión:
- *Cuentas de Ahorro de Alto Rendimiento:* Utilizar cuentas que ofrezcan mejores tasas de interés.
- *Planes de Jubilación con Beneficios Fiscales:* Contribuir a planes de pensiones que ofrezcan incentivos fiscales.

5. Evitar Deudas Costosas:
- *Usar el Crédito con Prudencia:* Evitar cargar en tarjetas de crédito más de lo que se pueda pagar al final del mes.
- *Refinanciar Deudas:* Si es posible, consolidar o refinanciar deudas a tasas de interés más bajas.

Herramientas y Recursos para la Gestión Financiera

Existen numerosas herramientas y recursos que pueden ayudar en la gestión financiera personal:

1. Aplicaciones de Presupuesto:
- *Mint, YNAB (You Need A Budget), Personal Capital:* Aplicaciones que permiten rastrear ingresos, gastos y establecer presupuestos.

2. Cuentas de Ahorro y Inversión:
- *Bancos y Cooperativas de Crédito:* Ofrecen una variedad de cuentas de ahorro con diferentes tasas de interés y beneficios.
- *Plataformas de Inversión:* Como Robinhood, Vanguard, eToro, que permiten invertir en acciones, bonos y otros activos.

3. Educación Financiera:
- *Libros y Cursos:* "Padre Rico, Padre Pobre" de Robert Kiyosaki, cursos de Coursera y Khan Academy sobre finanzas personales.
- *Asesoramiento Financiero:* Consultar con asesores financieros para obtener orientación personalizada.

La gestión financiera personal es fundamental para alcanzar la estabilidad económica y las metas a largo plazo. Crear y seguir un presupuesto permite controlar el gasto, ahorrar e invertir de manera efectiva. Con estrategias de ahorro y el uso de herramientas adecuadas, es posible asegurar un futuro financiero sólido y preparado para imprevistos. Al dominar estos conceptos y prácticas, cada individuo puede tomar el control de su situación financiera y construir una base sólida para el éxito económico.

Capítulo 7: El Poder del Interés Compuesto: Hacer Crecer tu Dinero

El interés compuesto es una de las fuerzas más poderosas en el mundo de las finanzas. Descrito por Albert Einstein como la octava maravilla del mundo, el interés compuesto permite que el dinero crezca de manera exponencial con el tiempo. Este capítulo explora cómo funciona el interés compuesto, su impacto en el ahorro y la inversión, y estrategias para aprovechar su poder para hacer crecer tu dinero.

¿Qué es el Interés Compuesto?
El interés compuesto es el interés sobre el capital inicial más los intereses acumulados de períodos anteriores. A diferencia del interés simple, que se calcula solo sobre el capital inicial, el interés compuesto permite que los intereses generen más intereses, lo que lleva a un crecimiento acelerado del capital.

Fórmula del Interés Compuesto:
$$A = P \left(1 + \frac{r}{n}\right)^{nt}$$
- **A:** Monto final del dinero después de (t) años.
- **P:** Capital inicial (principal).
- **r:** Tasa de interés anual.
- **n** : Número de veces que se capitaliza el interés por año.
- **t:** Número de años.

Ejemplo de Interés Compuesto
Imagina que inviertes $1,000 en una cuenta de ahorros con una tasa de interés anual del 5%, compuesta anualmente.
- *Capital Inicial (P):* $1,000
- *Tasa de Interés (r):* 5% o 0.05
- *Número de Capitalizaciones por Año (n):* 1
- *Número de Años (t):* 10

Usando la fórmula del interés compuesto:
$$A = 1000 \left(1 + \frac{0.05}{1}\right)^{1 \times 10} = 1000 \left(1 + 0.05\right)^{10} \approx 1628.89$$

Después de 10 años, tu inversión crecería a aproximadamente $1,628.89. Este ejemplo ilustra cómo el interés compuesto permite que tu dinero crezca de manera significativa con el tiempo.

Factores que Afectan el Crecimiento del Interés Compuesto
1. Tasa de Interés:
   - Una tasa de interés más alta resulta en un mayor crecimiento del capital.

2. Frecuencia de Capitalización:
   - Cuanto más frecuente sea la capitalización, mayor será el crecimiento. Por ejemplo, la capitalización mensual generará más intereses que la capitalización anual.

3. Tiempo:
- El factor más importante es el tiempo. Cuanto más tiempo se deje el dinero en una inversión compuesta, más crecerá. El poder del interés compuesto se magnifica con el tiempo.

Estrategias para Maximizar el Interés Compuesto
1. Comenzar Temprano:
- Cuanto antes comiences a invertir, más tiempo tendrá tu dinero para crecer. Incluso pequeñas inversiones iniciales pueden crecer significativamente con el tiempo gracias al interés compuesto.

2. Reinvertir los Intereses:
- Asegúrate de reinvertir los intereses ganados para aprovechar plenamente el poder del interés compuesto.

3. Invertir Regularmente:
- Contribuir regularmente a tus inversiones (por ejemplo, mensualmente) puede aumentar el efecto del interés compuesto.

4. Evitar Retiros:
- Retirar dinero de una inversión compuesta reduce su capacidad de crecer. Mantén tu dinero invertido el mayor tiempo posible.

Aplicaciones del Interés Compuesto
1. Cuentas de Ahorro y Depósitos a Plazo:
- Muchas cuentas de ahorro y depósitos a plazo utilizan el interés compuesto para hacer crecer tus ahorros.

2. Fondos de Inversión:
- Los fondos mutuos, ETFs y otros vehículos de inversión a menudo reinvierten dividendos y ganancias de capital, aprovechando el interés compuesto.

3. Planes de Jubilación:
- Cuentas de jubilación como 401(k) y IRAs utilizan el interés compuesto para hacer crecer tus ahorros para la jubilación.

El Impacto del Interés Compuesto en Deudas
El interés compuesto no solo se aplica a las inversiones, sino también a las deudas. Las deudas con interés compuesto, como las tarjetas de crédito, pueden crecer rápidamente si no se gestionan adecuadamente.

Ejemplo de Deuda con Interés Compuesto:
Si tienes una deuda de $1,000 en una tarjeta de crédito con una tasa de interés del 20% anual, compuesta mensualmente, y solo realizas pagos mínimos, la deuda puede crecer rápidamente debido al interés compuesto.

El interés compuesto es una herramienta poderosa que puede transformar pequeñas cantidades de dinero en sumas significativas a lo largo del tiempo. Entender y utilizar el interés compuesto puede ser la clave para alcanzar tus metas financieras y asegurar tu bienestar económico a largo plazo. Al comenzar a invertir temprano, reinvertir tus ganancias y evitar deudas costosas, puedes aprovechar el poder del interés compuesto para hacer crecer tu dinero de manera exponencial.

Capítulo 8: Deudas y Créditos: El Doble Filo del Dinero Prestado

Las deudas y los créditos son herramientas poderosas que pueden facilitar el acceso a bienes y servicios, pero también representan un riesgo financiero significativo si no se manejan adecuadamente. Este capítulo explora los diferentes tipos de deudas y créditos, sus efectos en las finanzas personales y estrategias para gestionarlas de manera efectiva.

Tipos de Deudas y Créditos
1. Deuda a Corto Plazo:
- *Tarjetas de Crédito:* Permiten realizar compras a crédito, con un límite de crédito y una tasa de interés si no se paga el saldo completo cada mes.
- *Préstamos Personales:* Se obtienen sin necesidad de garantía y se utilizan para gastos diversos como emergencias médicas, reparaciones del hogar, etc.

2. Deuda a Largo Plazo:
- *Préstamos Hipotecarios:* Utilizados para comprar una vivienda, generalmente con plazos de pago extendidos.
- *Préstamos Estudiantiles:* Financian la educación y tienen plazos de pago que pueden ser largos, dependiendo del monto prestado y las condiciones.

3. Créditos Renovables:
- *Líneas de Crédito:* Permiten acceso a fondos hasta un límite predeterminado, similar a una tarjeta de crédito, pero con tasas de interés y condiciones específicas.

Los Beneficios del Crédito
1. Acceso a Bienes y Servicios: Permite adquirir bienes y servicios que de otro modo no se podrían comprar de inmediato, como automóviles, electrodomésticos, etc.

2. Construcción de Historial Crediticio: Un buen historial crediticio puede facilitar el acceso a préstamos futuros a tasas más favorables.

3. Flexibilidad Financiera: Proporciona flexibilidad financiera para enfrentar emergencias o aprovechar oportunidades de inversión.

Los Peligros de la Deuda

1. Intereses y Cargos: Los intereses acumulados pueden aumentar significativamente el costo total de la deuda, especialmente si se acumulan con el tiempo.
2. Impacto en la Calificación Crediticia: Los pagos atrasados o incumplidos pueden dañar el historial crediticio y dificultar el acceso a crédito en el futuro.
3. Ciclo de Deuda: Puede llevar a un ciclo de endeudamiento continuo si no se maneja adecuadamente, resultando en una carga financiera difícil de manejar.

Estrategias para Gestionar Deudas y Créditos
1. Crear un Plan de Pago:
  - Priorizar pagos según el tipo de deuda y las tasas de interés. Pagar deudas de alto interés primero puede ahorrar dinero a largo plazo.
2. Consolidación de Deudas:
  - Agrupar varias deudas en una sola, generalmente con una tasa de interés más baja, para simplificar los pagos y potencialmente reducir los costos.
3. Presupuestar y Reducir Gastos:
  - Revisar el presupuesto para identificar áreas donde se pueden reducir gastos y destinar más fondos al pago de deudas.
4. Negociar Condiciones:
  - Hablar con los acreedores para negociar tasas de interés más bajas o planes de pago que sean más manejables.
5. Evitar Nuevas Deudas:
  - Ser consciente de los límites de crédito y evitar endeudarse más allá de lo necesario. Utilizar el crédito con moderación y solo cuando sea absolutamente necesario.

Uso Responsable del Crédito
1. Pagar el Saldo Completo: Siempre que sea posible, pagar el saldo completo de las tarjetas de crédito cada mes para evitar intereses acumulados.
2. Mantener un Historial de Pagos Positivo: Realizar pagos a tiempo y en su totalidad para mantener un buen historial crediticio.
3. Monitorear el Uso de Crédito: Revisar regularmente los estados de cuenta y el historial crediticio para detectar posibles errores o fraudes.

Las deudas y los créditos pueden ser herramientas valiosas cuando se usan de manera responsable y se gestionan adecuadamente. Sin embargo, pueden convertirse en una carga financiera significativa si no se manejan con cuidado. Es crucial entender los tipos de deuda disponibles, sus beneficios y riesgos, y aplicar estrategias efectivas para gestionarlas. Al hacerlo, se puede evitar el sobreendeudamiento y construir una base financiera sólida para el futuro.

Capítulo 9: Inversiones Básicas: Acciones, Bonos y Fondos Mutuos

Invertir es una forma crucial de hacer crecer tu dinero a lo largo del tiempo. En este capítulo, exploraremos las inversiones básicas más comunes: acciones, bonos y fondos mutuos. Cada una ofrece diferentes riesgos y rendimientos potenciales, y entender sus características te ayudará a tomar decisiones informadas para construir tu cartera de inversiones.

Acciones

Las acciones representan la propiedad parcial de una empresa. Al comprar acciones, te conviertes en accionista y tienes derecho a una parte de los beneficios y votos en las decisiones corporativas.

Características de las Acciones:
- *Rendimiento Potencial Alto:* Las acciones pueden proporcionar altos rendimientos a largo plazo a través de la apreciación del precio de las acciones y los dividendos.
- *Riesgo de Mercado:* Las acciones están sujetas a fluctuaciones del mercado y pueden perder valor en períodos de volatilidad.
- *Diversificación:* Invertir en varias acciones puede reducir el riesgo al dispersar la inversión en diferentes sectores y empresas.

Estrategias de Inversión en Acciones:
- *Inversión a Largo Plazo:* Comprar y mantener acciones durante años para beneficiarse de la apreciación del valor y los dividendos.
- *Inversión en Dividendos:* Comprar acciones de empresas que pagan dividendos regulares como fuente de ingresos pasivos.

Bonos

Los bonos son deudas emitidas por gobiernos, municipios o empresas. Los inversores prestan dinero al emisor a cambio de pagos de intereses regulares y la devolución del capital al vencimiento del bono.

Características de los Bonos:
- *Seguridad y Estabilidad:* Los bonos son generalmente menos riesgosos que las acciones y ofrecen ingresos predecibles a través de pagos de intereses.
- *Tipos de Bonos:* Incluyen bonos del gobierno (tesorería), bonos corporativos, bonos municipales, cada uno con diferentes niveles de riesgo y rendimiento.

Estrategias de Inversión en Bonos:

- *Diversificación de la Renta Fija:* Invertir en una combinación de bonos de diferentes emisores y vencimientos para equilibrar riesgos y rendimientos.
- *Aprovechar Tasas de Interés* : Comprar bonos cuando las tasas de interés son altas para maximizar los ingresos por intereses.

Fondos Mutuos
Los fondos mutuos son vehículos de inversión que agrupan el dinero de muchos inversores para comprar una variedad de valores como acciones, bonos y otros activos.

Características de los Fondos Mutuos:
- *Profesionalismo y Diversificación:* Administrados por gestores profesionales que seleccionan y administran los activos del fondo para maximizar el rendimiento.
- *Accesibilidad y Liquidez:* Facilitan la inversión diversificada incluso con montos pequeños y permiten retirar fondos según sea necesario.

Tipos de Fondos Mutuos:
- *Fondos de Renta Variable:* Invierten principalmente en acciones.
- *Fondos de Renta Fija:* Invierten en bonos y otros instrumentos de deuda.
- *Fondos Mixtos:* Invierten en una combinación de acciones y bonos para equilibrar riesgos y rendimientos.

Estrategias de Inversión en Fondos Mutuos:
- *Selección del Fondo Apropiado:* Elegir fondos basados en objetivos de inversión, riesgo y horizonte temporal.
- *Revisión Periódica:* Monitorear el desempeño del fondo y ajustar la asignación según sea necesario para mantener la diversificación y cumplir con los objetivos financieros.

Consideraciones Generales
1. Diversificación: Es clave para reducir el riesgo al distribuir la inversión en diferentes clases de activos y sectores.

2. Horizonte Temporal: El tiempo que planeas mantener tus inversiones influye en la elección de activos y estrategias.
3. Riesgo y Retorno: Existe una relación directa entre el riesgo asumido y el potencial de retorno. Comprender y gestionar el riesgo es fundamental para una inversión exitosa.
Entender las opciones básicas de inversión como acciones, bonos y fondos mutuos te permite construir una cartera diversificada y alineada con tus objetivos financieros. Cada tipo de inversión tiene sus propias características, riesgos y potencial de retorno. Al tomar decisiones informadas y gestionar tu cartera de manera efectiva,

puedes avanzar hacia la construcción de riqueza a largo plazo y la realización de tus metas financieras.

Capítulo 10: Planificación Financiera a Largo Plazo: Jubilación y Herencia

La planificación financiera a largo plazo es fundamental para asegurar la estabilidad financiera en la jubilación y gestionar la herencia de manera efectiva. En este capítulo, exploraremos estrategias y consideraciones clave para la planificación de la jubilación y la gestión de la herencia, garantizando así un futuro financiero seguro para ti y tus seres queridos.

Planificación Financiera para la Jubilación

La jubilación es una etapa de la vida que requiere una planificación financiera cuidadosa para asegurar ingresos suficientes y mantener el estilo de vida deseado.

Pasos para la Planificación de la Jubilación:

1. Establecimiento de Metas:
   - Definir el estilo de vida deseado en la jubilación y calcular los gastos estimados.

2. Evaluación de los Recursos:
   - Determinar fuentes de ingresos durante la jubilación, como pensiones, planes de jubilación y ahorros personales.

3. Creación de un Plan de Ahorro:
   - Establecer metas de ahorro y utilizar vehículos de inversión como cuentas de jubilación (401(k), IRA) y fondos de pensiones.

4. Diversificación de Inversiones:
   - Invertir en una cartera diversificada que combine acciones, bonos y otros activos para equilibrar riesgos y rendimientos.

5. Monitoreo y Ajuste:
   - Revisar periódicamente el plan de jubilación y ajustarlo según cambien las circunstancias personales y económicas.

Estrategias para la Gestión de la Herencia

La gestión de la herencia implica la planificación de la transferencia de activos y bienes a los beneficiarios de manera eficiente y conforme a tus deseos.

Pasos para la Gestión de la Herencia:

1. Creación de un Testamento:
   - Redactar un testamento que detalle la distribución de bienes y la designación de beneficiarios. No olvides añadir la cláusula de <u>LIBRE DISPOSICIÓN DE BIENES</u> .

2. Consideración de Impuestos:

- Entender las implicaciones fiscales de la herencia y buscar estrategias para minimizar el impacto fiscal, como fideicomisos y donaciones caritativas.

3. Planificación de Beneficiarios:
- Designar beneficiarios para cuentas de jubilación y seguros de vida para asegurar una transferencia fluida de activos.

4. Protección de Activos:
- Considerar la protección de activos mediante seguros y estructuras legales adecuadas, como fideicomisos irrevocables.

5. Asesoramiento Profesional:
- Consultar con un abogado especializado en planificación patrimonial y un asesor financiero para garantizar que todos los aspectos legales y financieros estén cubiertos.

Herramientas y Recursos para la Planificación Financiera a Largo Plazo

1. Asesoramiento Financiero:
- Buscar la orientación de un asesor financiero certificado para desarrollar estrategias personalizadas de ahorro e inversión.

2. Software de Planificación Financiera:
- Utilizar herramientas como Quicken, Personal Capital o Mint para monitorear presupuestos, inversiones y metas financieras a largo plazo.

3. Educación Continua:
- Mantenerse informado sobre cambios en las leyes fiscales y financieras que puedan afectar la planificación financiera y la gestión de la herencia.

Importancia de la Planificación Temprana

Comenzar la planificación financiera a largo plazo lo antes posible ofrece varias ventajas, como la acumulación de intereses compuestos y la capacidad de hacer ajustes graduales a lo largo del tiempo.

Beneficios de la Planificación Temprana:

- *Maximización del Ahorro:* Permite más tiempo para acumular ahorros significativos para la jubilación.
- *Reducción de Estrés:* Proporciona tranquilidad al saber que los asuntos financieros están bien gestionados.
- *Flexibilidad:* Facilita la adaptación a cambios imprevistos en la vida personal y económica.

La planificación financiera a largo plazo para la jubilación y la gestión de la herencia son fundamentales para garantizar la estabilidad financiera tanto en el futuro como para las generaciones venideras. Al crear estrategias de ahorro e inversión efectivas y gestionar la transferencia de activos de manera cuidadosa, puedes construir un legado financiero sólido y asegurar que tus objetivos financieros se cumplan con éxito.

Capítulo 11: Emprendimiento: Convertir Ideas en Dinero

El emprendimiento es un camino emocionante y desafiante que permite convertir ideas innovadoras en negocios exitosos. En este capítulo, exploraremos los fundamentos del emprendimiento, desde la generación de ideas hasta la creación y gestión de un negocio rentable. Aprenderás sobre los pasos clave para iniciar tu propio emprendimiento y las estrategias para hacer crecer tu empresa de manera sostenible.

Generación de Ideas de Negocio

1. Identificación de Problemas o Necesidades:
   - Observa tu entorno y busca problemas o necesidades que puedas resolver con un producto o servicio innovador.

2. Investigación de Mercado:
   - Realiza estudios de mercado para evaluar la viabilidad y la demanda de tu idea de negocio entre los consumidores potenciales.

3. Innovación y Diferenciación:
   - Desarrolla un enfoque único o una propuesta de valor que distinga tu producto o servicio de la competencia existente.

Planificación y Ejecución del Negocio

1. Elaboración de un Plan de Negocios:
   - Define tus objetivos, estrategias de marketing, estructura organizativa y proyecciones financieras en un plan detallado.

2. Financiamiento Inicial:
   - Considera opciones de financiamiento como ahorros personales, préstamos, inversionistas ángeles o capital de riesgo para financiar el lanzamiento de tu negocio.

3. Establecimiento de la Marca:
   - Crea una identidad visual sólida y desarrolla una estrategia de marca para comunicar efectivamente los valores y la oferta de tu negocio.

Gestión Operativa y Crecimiento Sostenible

1. Operaciones Eficientes:
   - Implementa procesos eficientes para la producción, distribución y entrega de productos o servicios.

2. Gestión de Recursos Humanos:
   - Contrata empleados talentosos y motiva a tu equipo para maximizar la productividad y el compromiso.

3. Estrategias de Marketing y Ventas:

- Utiliza tácticas de marketing digital, redes sociales y relaciones públicas para atraer clientes y aumentar las ventas.

Adaptación y Escalabilidad

1. Monitoreo del Desempeño:
- Evalúa regularmente el rendimiento del negocio y ajusta estrategias según sea necesario para mantener la competitividad y la rentabilidad.

2. Innovación Continua:
- Permanece atento a las tendencias del mercado y las oportunidades de mejora para innovar constantemente en productos y procesos.

3. Expansión y Escalabilidad:
- Explora oportunidades de expansión geográfica, diversificación de productos o franquicias para hacer crecer tu negocio de manera sostenible.

Superación de Desafíos y Lecciones Aprendidas

1. Resiliencia Empresarial:
- Aprende a enfrentar y superar desafíos como la competencia, fluctuaciones económicas y cambios en las preferencias del consumidor.

2. Aprendizaje Continuo:
- Permanece abierto a retroalimentaciones y aprendizajes constantes para mejorar tus habilidades de gestión empresarial y adaptarte al entorno empresarial en evolución.

Éxito e Impacto

1. Medición del Éxito:
- Define tus propios indicadores de éxito, que pueden incluir rentabilidad financiera, satisfacción del cliente o impacto social.

2. Contribución a la Comunidad:
- Considera cómo tu negocio puede contribuir positivamente a la comunidad local o global a través de prácticas sostenibles, responsabilidad social, corporativa o creación de empleo.

Emprender no solo se trata de convertir ideas en dinero, sino de crear valor, innovación y hacer un impacto positivo en el mundo. Al seguir los principios fundamentales del emprendimiento, desde la generación de ideas hasta la ejecución y el crecimiento sostenible, puedes construir un negocio exitoso y cumplir con tus metas personales y profesionales. El camino del emprendimiento está lleno de desafíos, pero también ofrece oportunidades únicas para crecer, aprender y prosperar.

Capítulo 12: Financiación Empresarial: De la Banca a los Inversores Ángeles

La financiación empresarial es fundamental para el lanzamiento y crecimiento de cualquier negocio. Desde préstamos bancarios tradicionales hasta inversiones de capital riesgo por parte de inversores ángeles, existen diversas opciones disponibles para financiar tu empresa. En este capítulo, exploraremos las diferentes fuentes de financiamiento empresarial, sus ventajas y desventajas, y cómo elegir la opción adecuada según las necesidades y etapa de desarrollo de tu negocio.

Financiación Bancaria

1. Préstamos Comerciales:
   - Características: Los préstamos comerciales son ofrecidos por bancos y otras instituciones financieras. Generalmente, requieren garantías y tienen tasas de interés fijas o variables.
   - Ventajas: Acceso rápido a capital, pagos estructurados y establecimiento de historial crediticio.
   - Desventajas: Requisitos estrictos, garantías requeridas y posibles limitaciones de cantidad prestada.

2. Líneas de Crédito:
   - Características: Permiten acceso a fondos hasta un límite establecido. Se utilizan según sea necesario y se pagan intereses solo sobre el saldo utilizado.
   - Ventajas: Flexibilidad financiera, útil para necesidades de flujo de efectivo a corto plazo.
   - Desventajas: Tasas de interés variables, riesgo de sobreendeudamiento si no se maneja adecuadamente.

Financiación de Capital

1. Capital Propio:
   - Características: Inversión personal de los fundadores y accionistas en el negocio. Puede incluir ahorros personales, inversiones de familiares o amigos cercanos (FFF).
   - Ventajas: Control total del negocio, no hay deuda que reembolsar, flexibilidad en el uso de fondos.
   - Desventajas: Riesgo financiero personal, limitaciones de la cantidad de capital disponible inicialmente.

2. Inversores Ángeles:
   - Características: Individuos de alto patrimonio neto que invierten capital en empresas emergentes a cambio de participación accionaria.
   - Ventajas: Experiencia y redes de contactos, apoyo estratégico, acceso a capital significativo.
   - Desventajas: Pérdida de control parcial del negocio, expectativas de rendimiento y salida del inversor en el futuro.

Financiación de Capital Riesgo
1. Capital de Riesgo:
   - Características: Inversión en empresas en etapas tempranas o de crecimiento rápido a cambio de participación accionaria significativa.
   - Ventajas: Financiamiento para expansión rápida, experiencia y soporte estratégico del inversionista.
   - Desventajas: Pérdida de control, presión para crecimiento rápido y posibles conflictos de intereses.
2. Financiación de Emprendimientos y Fondos de Capital Riesgo:
   - Características: Fondos especializados en invertir en startups y empresas de alto potencial.
   - Ventajas: Acceso a capital de inversores institucionales, apoyo en el crecimiento y expansión global.
   - Desventajas: Rigurosos procesos de diligencia debida, dilución significativa de la propiedad.

Selección de la Fuente de Financiamiento Adecuada
1. Evaluación de Necesidades Financieras:
   - Determina la cantidad necesaria de financiamiento y el propósito específico (inicio, expansión, capital de trabajo).
2. Evaluación de Riesgos y Beneficios:
   - Considera los costos financieros, el impacto en la propiedad y el grado de control sobre el negocio.
3. Análisis de Opciones Disponibles:
   - Investiga y compara diferentes fuentes de financiamiento, considerando términos, condiciones y requisitos.

Estrategias para la Obtención de Financiamiento
1. Preparación de Documentación:
   - Prepara un plan de negocios detallado, estados financieros proyectados y cualquier otra documentación requerida por los prestamistas o inversores.
2. Networking y Relaciones:
   - Construye relaciones con inversores potenciales, asesores financieros y redes de capital de riesgo para aumentar las oportunidades de financiamiento.
3. Negociación de Términos:
   - Negocia términos y condiciones que sean favorables para tu negocio, asegurando una relación de financiamiento mutuamente beneficiosa.

Seleccionar la fuente de financiamiento adecuada es crucial para el éxito y crecimiento de tu empresa. Desde la financiación bancaria tradicional hasta el capital de riesgo proporcionado por inversores ángeles, cada opción tiene sus propias ventajas y consideraciones. Al comprender tus necesidades financieras, evaluar los riesgos y beneficios, y seguir estrategias efectivas para obtener financiamiento, estarás mejor preparado para llevar tu negocio al siguiente nivel y alcanzar tus objetivos empresariales a largo plazo.

Capítulo 13: Contabilidad para No Contadores: Entendiendo los Números de tu Negocio

La contabilidad es el lenguaje financiero de los negocios, esencial para comprender la salud financiera y la rentabilidad de una empresa. Aunque pueda parecer intimidante para quienes no tienen formación contable, comprender los principios básicos de la contabilidad puede ser fundamental para la toma de decisiones empresariales, informadas y estratégicas. En este capítulo, exploraremos los conceptos fundamentales de la contabilidad de una manera accesible y práctica, diseñada específicamente para no contadores.

Fundamentos de la Contabilidad

1. Importancia de la Contabilidad:
   - La contabilidad proporciona información financiera crítica sobre ingresos, gastos, activos y pasivos que ayuda a los empresarios a evaluar el desempeño y la viabilidad financiera de su negocio.

2. Principios Contables Básicos:
   - Principio de Registro Contable: Cada transacción económica debe ser registrada de manera precisa y oportuna en los libros contables.
   - Principio de Consistencia: Los métodos contables utilizados deben ser coherentes a lo largo del tiempo para facilitar la comparabilidad de los estados financieros.
   - Principio de Partida Doble: Cada transacción afecta al menos a dos cuentas: una de débito y otra de crédito, manteniendo así el equilibrio en el libro mayor.

Componentes Clave de los Estados Financieros

1. Balance General:
   - Muestra la situación financiera de la empresa en un momento específico, detallando activos (lo que posee), pasivos (lo que debe) y el patrimonio neto (la diferencia entre activos y pasivos).

2. Estado de Resultados:
   - Resume los ingresos, costos y gastos durante un período específico para calcular la utilidad o pérdida neta.

3. Estado de Flujo de Efectivo:

- Detalla los ingresos y gastos de efectivo durante un período, proporcionando una visión clara de la liquidez y las fuentes y usos de efectivo.

Principales Indicadores Financieros

1. Ratios de Liquidez:
   - Razón de Liquidez Corriente: Mide la capacidad de la empresa para cubrir sus pasivos a corto plazo con activos líquidos.
   - Razón de Liquidez Rápida: Indica la capacidad de la empresa para cumplir con sus obligaciones financieras inmediatas utilizando activos líquidos de rápido acceso.

2. Ratios de Rentabilidad:
   - Margen de Utilidad Neta : Calcula la eficiencia en la conversión de ventas en ganancias netas después de impuestos.
   - Retorno sobre la Inversión (ROI): Evalúa la rentabilidad de los activos totales invertidos en la empresa.

3. Ratios de Endeudamiento:
   - Razón de Endeudamiento Total: Mide la proporción de los activos financiados por deuda en comparación con el patrimonio neto.
   - Índice de Cobertura de Intereses: Determina la capacidad de la empresa para cubrir los pagos de intereses con sus ganancias operativas.

Herramientas Contables para la Gestión Empresarial

1. Software de Contabilidad:
   - Utiliza herramientas como QuickBooks, FreshBooks o Xero para simplificar la gestión financiera y generar informes precisos y oportunos.

2. Presupuesto y Control de Gastos:
   - Desarrolla presupuestos detallados y realiza un seguimiento regular de los gastos para controlar costos y mejorar la rentabilidad.

3. Interpretación de Informes Financieros:
   - Aprende a leer y analizar estados financieros para identificar tendencias, áreas de mejora y oportunidades de crecimiento.

Importancia de la Educación Financiera Continua

1. Capacitación y Asesoramiento Profesional:
   - Participa en talleres de capacitación en contabilidad básica o busca el asesoramiento de un contador profesional para resolver dudas y mejorar tus habilidades financieras.

2. Tomar Decisiones Informadas:
   - Utiliza la información financiera para tomar decisiones estratégicas que impulsen el crecimiento y la sostenibilidad de tu negocio.

La comprensión básica de la contabilidad es esencial para cualquier empresario que desee gestionar eficazmente su negocio y maximizar la rentabilidad a largo plazo. Al familiarizarte con los principios contables fundamentales, los componentes clave de los estados financieros y los indicadores financieros importantes, estarás equipado para evaluar el rendimiento de tu empresa y tomar decisiones informadas que impulsen el éxito empresarial. Recuerda que la contabilidad es una herramienta poderosa para la gestión empresarial, independientemente de tu experiencia previa en finanzas.

Capítulo 14: Marketing y Ventas: Generando Ingresos Sostenibles

El marketing y las ventas son dos pilares fundamentales para cualquier negocio exitoso. El marketing se encarga de identificar, anticipar y satisfacer las necesidades del mercado mediante la creación y el intercambio de valor, mientras que las ventas convierten ese valor en ingresos tangibles. En este capítulo, exploraremos estrategias efectivas para desarrollar y ejecutar iniciativas de marketing y ventas que impulsen ingresos sostenibles y construyan relaciones duraderas con los clientes.

Marketing Estratégico

1. Investigación de Mercado:
  - Realiza estudios para comprender las necesidades, comportamientos y preferencias del mercado objetivo.

2. Segmentación y Posicionamiento:
  - Divide el mercado en segmentos específicos y posiciona tu producto o servicio de manera única y atractiva.

3. Desarrollo de Producto y Servicio:
  - Asegúrate de que tu oferta resuelva problemas reales y proporcione valor significativo a los clientes.

Estrategias de Marketing Digital

1. Creación de una Presencia en Línea:
  - Desarrolla un sitio web optimizado y presencia en redes sociales para aumentar la visibilidad y la accesibilidad de tu negocio.

2. Marketing de Contenidos:
  - Crea y distribuye contenido relevante y valioso para atraer, informar y retener a tu audiencia.

3. SEO y SEM :
  - Mejora tu visibilidad en los motores de búsqueda mediante estrategias de optimización orgánica (SEO) y publicidad pagada (SEM).

Estrategias de Ventas Efectivas

1. *Prospección y Generación de Leads:*
   - Identifica y califica clientes potenciales a través de actividades de prospección efectivas.
2. *Técnicas de Negociación:*
   - Domina habilidades de comunicación y negociación para cerrar acuerdos de manera efectiva y satisfactoria.
3. *Gestión de Relaciones con Clientes:*
   - Construye relaciones sólidas y duraderas con los clientes mediante un servicio excepcional y seguimiento postventa.

Marketing Relacional y Fidelización de Clientes
1. *Programas de Fidelización:*
   - Implementa programas que recompensen la lealtad del cliente y promuevan compras repetidas.
2. *Marketing de Referencia:*
   - Incentiva a los clientes satisfechos a recomendar tu negocio a otros, ampliando así tu base de clientes de manera orgánica.
3. *Análisis de Retorno de Inversión (ROI):*
   - Evalúa el rendimiento de tus actividades de marketing y ventas para optimizar recursos y maximizar resultados.

Innovación y Adaptación Continua
1. *Monitoreo de Tendencias y Competencia:*
   - Permanece atento a las últimas tendencias del mercado y las estrategias de la competencia para ajustar tu enfoque de marketing y ventas.
2. *Pruebas y Experimentación:*
   - Experimenta con nuevas estrategias y tecnologías para mejorar continuamente la efectividad de tus esfuerzos de marketing y ventas.
3. *Aprendizaje y Desarrollo Profesional:*
   - Invierte en el desarrollo de habilidades de tu equipo de marketing y ventas para mantenerse a la vanguardia en un entorno comercial competitivo.

El marketing y las ventas son procesos dinámicos e interdependientes que deben ser gestionados con estrategia y enfoque a largo plazo. Al integrar estrategias efectivas de marketing digital, técnicas de ventas sólidas y un enfoque centrado en el cliente, puedes generar ingresos sostenibles y construir una base de clientes fiel y comprometida. Recuerda que el éxito en marketing y ventas no se trata solo de vender productos o servicios, sino de crear valor y relaciones significativas que impulsen el crecimiento y la rentabilidad a largo plazo de tu negocio.

Capítulo 15: Escalando el Negocio: Expansión y Globalización

Escalar un negocio implica expandir su alcance, operaciones y capacidad para satisfacer una base de clientes más amplia. Globalizar un negocio, por otro lado, implica llevar las operaciones más allá de las fronteras nacionales para aprovechar oportunidades en mercados internacionales. En este capítulo, exploraremos estrategias clave para escalar y globalizar tu negocio de manera efectiva, abordando desafíos comunes y consideraciones estratégicas en el proceso de expansión.

Estrategias para Escalar el Negocio

1. Planificación Estratégica:
   - Define objetivos claros de crecimiento y desarrollo a corto, mediano y largo plazo.

2. Optimización de Procesos:
   - Identifica y mejora procesos internos para aumentar la eficiencia operativa y la capacidad de producción.

3. Tecnología y Automatización:
   - Implementa herramientas tecnológicas y sistemas automatizados para escalar sin comprometer la calidad ni la experiencia del cliente.

Expansión Regional y Nacional

1. Investigación de Mercado:
   - Realiza análisis detallados para identificar oportunidades de expansión en nuevas regiones o mercados nacionales.

2. Adaptación al Mercado Local:
   - Personaliza tu oferta para satisfacer las necesidades y preferencias específicas de cada mercado regional.

3. Alianzas Estratégicas:
   - Establece colaboraciones con socios locales o distribuidores para facilitar la entrada y la penetración en nuevos mercados.

Globalización del Negocio

1. Evaluación de Mercados Internacionales:
   - Analiza la viabilidad y el potencial de mercados extranjeros específicos para tu producto o servicio.

2. Consideraciones Legales y Regulatorias:
   - Familiarízate con las leyes, regulaciones y prácticas comerciales en los países objetivo para garantizar el cumplimiento y mitigar riesgos legales.

3. Adaptación Cultural y Lingüística:

- Adapta tu estrategia de marketing, comunicación y producto para responder a las diferencias culturales y lingüísticas de los mercados internacionales.

Estrategias de Entrada en el Mercado Internacional

1. Exportación Directa e Indirecta:
- Decide entre vender directamente a clientes internacionales o utilizar intermediarios como distribuidores o agentes.

2. Establecimiento de Filiales o Joint Ventures:
- Considera la creación de filiales, adquisiciones o joint ventures con empresas locales para fortalecer tu presencia en el mercado extranjero.

3. Comercio Electrónico Global:
- Aprovecha las plataformas de comercio electrónico para llegar a clientes globales y facilitar transacciones internacionales.

Gestión de Operaciones Globales

1. Logística y Cadena de Suministro:
- Desarrolla una infraestructura logística eficiente y una cadena de suministro robusta para gestionar operaciones a nivel mundial.

2. Gestión de Talentos Internacionales:
- Contrata y gestiona equipos locales con habilidades y conocimientos específicos del mercado internacional.

3. Adaptabilidad y Resiliencia:
- Adapta tu estrategia y operaciones según las condiciones económicas, políticas y sociales cambiantes en los mercados internacionales.

Desafíos y Consideraciones

1. Riesgos Cambiarios y Financieros:
- Protege tu negocio contra la volatilidad de las tasas de cambio y gestiona riesgos financieros relacionados con operaciones internacionales.

2. Competencia Global:
- Prepárate para competir con empresas locales y globales que operan en el mismo espacio de mercado internacional.

3. Cumplimiento y Responsabilidad Social Corporativa:
- Cumple con estándares éticos y legales globales, y adapta prácticas de responsabilidad social corporativa según las expectativas locales.

Escalar y globalizar un negocio son pasos emocionantes y estratégicos que pueden abrir nuevas oportunidades de crecimiento y expansión. Al implementar estrategias sólidas de escalado y consideraciones cuidadosas para la globalización, puedes posicionar tu negocio para el éxito a largo plazo en un mercado competitivo y dinámico. Recuerda que la clave del éxito radica en la planificación estratégica, la ejecución cuidadosa y la adaptabilidad continua a medida que tu negocio evoluciona y se expande en el escenario global.

Capítulo 16: La Bolsa de Valores: Cómo Funciona y Cómo Participar

La bolsa de valores es un mercado donde se compran y venden valores financieros, como acciones, bonos, y otros instrumentos de inversión. Participar en la bolsa de valores puede ofrecer oportunidades para hacer crecer tu dinero a través de la inversión en empresas y otros activos financieros. En este capítulo, exploraremos cómo funciona la bolsa de valores, los participantes clave, y cómo puedes comenzar a invertir de manera informada y estratégica.

Funcionamiento de la Bolsa de Valores

1. Definición y Propósito:
  - La bolsa de valores es un mercado organizado donde los inversores compran y venden valores negociables bajo ciertas reglas y regulaciones.

2. Participantes Principales:
  - Inversores Individuales: Personas que compran y venden acciones u otros activos financieros para su propio beneficio.
  - Instituciones Financieras: Bancos, fondos de inversión, y otras entidades que invierten en nombre de sus clientes.
  - Empresas Cotizadas: Empresas que ofrecen acciones al público para recaudar capital y permitir a los inversores compartir la propiedad.

3. Intermediarios del Mercado:
  - Corredores de Bolsa: Facilitan las transacciones de compra y venta de valores entre compradores y vendedores.
  - Creadores de Mercado: Proporcionan liquidez al cotizar precios de compra y venta para determinados valores.

Tipos de Valores Negociables

1. Acciones: Representan la propiedad parcial de una empresa y ofrecen potencial de crecimiento a través de dividendos y valorización del capital.

2. Bonos: Deuda emitida por gobiernos, corporaciones u otras entidades, que pagan intereses periódicamente y devuelven el principal al vencimiento.

3. Fondos Cotizados en Bolsa (ETFs): Fondos de inversión que cotizan en bolsa y permiten a los inversores comprar una cesta diversificada de activos.

Proceso de Inversión en la Bolsa de Valores
1. *Abrir una Cuenta de Corretaje:*
   - Elige un corredor de bolsa registrado y abre una cuenta para comenzar a negociar valores.
2. *Investigación y Análisis:*
   - Analiza empresas y activos financieros para entender su desempeño histórico, perspectivas futuras y riesgos asociados.
3. *Orden de Compra y Venta:*
   - Coloca órdenes a través de tu corredor para comprar o vender acciones y otros valores según tus objetivos de inversión.

Estrategias de Inversión en la Bolsa de Valores
1. *Inversión a Largo Plazo:* Compra de acciones con el objetivo de mantenerlas durante períodos extendidos para beneficiarte de la apreciación del valor y dividendos.
2. *Inversión en Valor:* Selección de acciones subvaloradas basadas en análisis fundamental para obtener ganancias a medida que el mercado corrige sus precios.
3. *Inversión en Dividendos:* Compra de acciones que pagan dividendos consistentes como fuente de ingresos pasivos.

Gestión de Riesgos y Diversificación
1. *Diversificación de Cartera:* Distribuye tus inversiones en diferentes sectores industriales, regiones geográficas y tipos de activos para reducir el riesgo.
2. *Estrategias de Gestión de Riesgos:* Utiliza órdenes de stop-loss y límites para proteger tus inversiones de pérdidas significativas.
3. *Educación Continua y Monitoreo del Mercado:* Mantente informado sobre tendencias del mercado, noticias económicas y desempeño de las empresas para tomar decisiones informadas.

Participar en la bolsa de valores ofrece oportunidades emocionantes para hacer crecer tu riqueza a través de la inversión en empresas y otros activos financieros. Al comprender cómo funciona la bolsa de valores, los tipos de valores negociables disponibles y las estrategias de inversión efectivas, puedes tomar decisiones informadas y estratégicas para alcanzar tus objetivos financieros a largo plazo. Recuerda que la inversión en la bolsa de valores conlleva riesgos, por lo que es fundamental educarse adecuadamente, diversificar tu cartera y mantener una estrategia disciplinada para maximizar tus oportunidades de éxito financiero.

Capítulo 17: Inversiones Alternativas: Bienes Raíces, Arte y Más
Además de las inversiones tradicionales en acciones y bonos, existen otras oportunidades de inversión conocidas como

inversiones alternativas. Estas incluyen activos tangibles como bienes raíces, arte, metales preciosos, y otras formas menos convencionales de invertir capital. En este capítulo, exploraremos varias opciones de inversiones alternativas, sus características únicas, beneficios potenciales y consideraciones importantes para los inversores.

Inversiones en Bienes Raíces
1. Propiedades Inmobiliarias:
   - Invertir en propiedades residenciales, comerciales o industriales con el objetivo de generar ingresos por alquiler o apreciación del valor.

2. Fondos de Inversión Inmobiliaria (REITs):
   - Fondos que invierten en propiedades inmobiliarias y distribuyen ingresos a los inversores a través de dividendos.

3. Plataformas de Crowdfunding Inmobiliario:
   - Participación en proyectos inmobiliarios a través de plataformas en línea, permitiendo a los inversores acceder a oportunidades que de otra manera estarían fuera de su alcance.

Inversiones en Arte y Coleccionables
1. Arte:
   - Adquisición de obras de arte con el potencial de apreciación en valor basado en la reputación del artista, rareza y demanda del mercado.

2. Vehículos de Coleccionables:
   - Inversión en objetos coleccionables como autos clásicos, vinos finos, sellos raros u otros artículos de valor histórico o cultural.

Metales Preciosos y Commodities
1. Oro y Plata:
   - Inversión en metales preciosos como una reserva de valor y cobertura contra la inflación y la volatilidad del mercado.

2. Commodities:
   - Inversión en materias primas como petróleo, gas natural, alimentos básicos y productos agrícolas, aprovechando la demanda global y las fluctuaciones de precios.

Criptomonedas y Tecnologías Emergentes
1. Criptomonedas:
   - Inversión en activos digitales descentralizados como Bitcoin y Ethereum, basados en tecnología blockchain, con potencial de crecimiento y alta volatilidad.

2. Startups y Tecnología Emergente:

- Participación en empresas emergentes tecnológicas a través de inversiones directas o fondos de capital de riesgo, buscando innovación y rendimientos significativos a largo plazo.

Consideraciones al Invertir en Alternativas

1. *Riesgos y Volatilidad:*
   - Las inversiones alternativas pueden ser más volátiles y menos líquidas que las tradicionales, requiriendo una gestión cuidadosa del riesgo.

2. *Investigación y Due Diligence:*
   - Realiza una investigación exhaustiva sobre el mercado, los activos y los gestores antes de invertir en cualquier alternativa.

3. *Diversificación de la Cartera:*
   - Distribuye tus inversiones entre diferentes clases de activos y estrategias para reducir el riesgo y optimizar los rendimientos a largo plazo.

Beneficios Potenciales de las Inversiones Alternativas

1. *Diversificación Adicional:*
   - Permite diversificar más allá de acciones y bonos tradicionales, protegiendo la cartera contra la volatilidad y los ciclos económicos.

2. Potencial de Rendimientos Superiores:
   - Algunas inversiones alternativas ofrecen la posibilidad de rendimientos más altos que los activos convencionales, especialmente en periodos de condiciones de mercado únicas.

Las inversiones alternativas ofrecen a los inversores oportunidades únicas para diversificar sus carteras y potencialmente obtener rendimientos atractivos a largo plazo. Sin embargo, también conllevan riesgos específicos que deben ser entendidos y gestionados adecuadamente. Al considerar inversiones en bienes raíces, arte, metales preciosos, criptomonedas y otras alternativas, es crucial realizar una investigación exhaustiva y buscar asesoramiento profesional si es necesario. Al hacerlo, podrás aprovechar las oportunidades que ofrecen estos activos alternativos mientras construyes una estrategia de inversión sólida y diversificada.

Capítulo 18: Criptomonedas: El Futuro del Dinero Digital

Las criptomonedas han revolucionado el panorama financiero global al introducir un nuevo tipo de activo digital, descentralizado y seguro. Desde la creación del Bitcoin en 2009 por Satoshi Nakamoto, las criptomonedas han ganado popularidad y aceptación como un medio de intercambio, almacenamiento de valor y como una tecnología disruptiva con potencial de transformar sectores enteros de la economía global. En este capítulo, exploraremos qué son las criptomonedas, cómo funcionan, su impacto en la economía y cómo los inversores pueden participar en este emocionante mercado.

¿Qué Son las Criptomonedas?

1. Definición y Concepto:
- Las criptomonedas son activos digitales que utilizan criptografía para asegurar y verificar transacciones, así como para controlar la creación de nuevas unidades.

2. Tecnología Subyacente - Blockchain:
- La mayoría de las criptomonedas utilizan la tecnología blockchain, que es un libro de contabilidad descentralizado y distribuido que registra todas las transacciones de manera transparente y segura.

3. Descentralización:
- A diferencia de las monedas fiduciarias controladas por bancos centrales, las criptomonedas operan en redes descentralizadas, eliminando la necesidad de intermediarios tradicionales.

Principales Criptomonedas

1. Bitcoin (BTC):
- La primera y más conocida criptomoneda, diseñada como un sistema de efectivo electrónico peer-to-peer.

2. Ethereum (ETH):
- Una plataforma descentralizada que permite la creación de contratos inteligentes y aplicaciones descentralizadas (dApps) utilizando su propia criptomoneda, Ether.

3. Otras Criptomonedas:
- Litecoin (LTC), Ripple (XRP), Bitcoin Cash (BCH), Cardano (ADA) y muchas otras que ofrecen diversas funcionalidades y casos de uso.

Funcionamiento y Seguridad

1. Criptografía y Seguridad:
- La criptografía asegura la integridad y la seguridad de las transacciones, protegiendo las criptomonedas de fraudes y manipulaciones.

2. Minería y Verificación:
- Los mineros utilizan poder computacional para verificar y validar transacciones en la red blockchain, siendo recompensados con nuevas unidades de criptomoneda.

3. Wallets y Almacenamiento:
- Las criptomonedas se almacenan en wallets digitales, que pueden ser hardware, software, en línea o físicos, cada uno con niveles diferentes de seguridad y accesibilidad.

Impacto Económico y Social
1. Democratización Financiera:
- Facilitan el acceso a servicios financieros para personas sin acceso a sistemas bancarios tradicionales en todo el mundo.
2. Innovación Tecnológica:
- La tecnología blockchain ha inspirado nuevas aplicaciones en finanzas, contratos inteligentes, cadenas de suministro y más.
3. Volatilidad y Regulación:
- Las criptomonedas son conocidas por su alta volatilidad de precios y están sujetas a regulaciones que varían según el país y la jurisdicción.

Inversión en Criptomonedas
1. Compra y Venta:
- Los inversores pueden comprar criptomonedas a través de intercambios en línea y venderlas cuando el precio aumenta, buscando obtener ganancias por la apreciación del valor.
2. Inversión a Largo Plazo:
- Algunos inversores mantienen criptomonedas a largo plazo como una forma de diversificar su cartera y aprovechar el potencial de crecimiento a largo plazo del mercado.
3. Análisis y Gestión de Riesgos:
- Es fundamental realizar una investigación exhaustiva y comprender los riesgos asociados antes de invertir en criptomonedas, dado su entorno volátil.

Futuro de las Criptomonedas
1. Adopción Masiva:
- Se espera que las criptomonedas continúen ganando aceptación y adopción global como parte del futuro del sistema financiero digital.
2. Desarrollo Tecnológico:
- La innovación en blockchain y criptomonedas seguirá evolucionando, dando lugar a nuevas aplicaciones y mejoras en la eficiencia y seguridad.
3. Regulación y Estabilidad:
- A medida que las criptomonedas maduren, es probable que surjan más regulaciones para proporcionar un entorno más estable y seguro para los inversores y usuarios.

Las criptomonedas representan una nueva era en las finanzas digitales, ofreciendo oportunidades de inversión emocionantes y transformando la manera en que se realizan las transacciones en todo el mundo. Al entender los fundamentos de las criptomonedas, sus tecnologías subyacentes y el mercado en general, los inversores pueden participar de manera informada y estratégica en este creciente espacio. Sin embargo, es crucial gestionar los riesgos adecuadamente y mantenerse actualizado sobre los desarrollos regulatorios y tecnológicos para navegar con éxito en el mundo cambiante de las criptomonedas.

Capítulo 19: Gestión de Riesgos: Proteger tu Capital en Mercados Volátiles

En el mundo de las inversiones, la gestión de riesgos es esencial para proteger tu capital y asegurar una trayectoria financiera sostenible. Los mercados financieros son inherentemente volátiles, con movimientos de precios impredecibles que pueden representar tanto oportunidades como amenazas. En este capítulo, exploraremos estrategias clave para gestionar riesgos, minimizando pérdidas y maximizando oportunidades en entornos de mercado volátiles.

Comprender el Riesgo

1. Definición de Riesgo:
  - En términos financieros, el riesgo se refiere a la posibilidad de que el rendimiento real de una inversión sea diferente del rendimiento esperado, pudiendo resultar en pérdidas.

2. Tipos de Riesgo:
  - Riesgo de Mercado: Variaciones en los precios de los activos debido a factores macroeconómicos y eventos globales.
  - Riesgo de Crédito: Posibilidad de que una contraparte no cumpla con sus obligaciones financieras.
  - Riesgo de Liquidez: Incapacidad para vender activos rápidamente sin incurrir en pérdidas significativas.
  - Riesgo Sistémico: Riesgos que afectan a todo el mercado o a un sector específico, como crisis financieras.

Estrategias de Gestión de Riesgos

1. Diversificación de la Cartera:
  - Distribuir las inversiones en diferentes clases de activos (acciones, bonos, bienes raíces, etc.) y sectores geográficos para reducir el riesgo total.

2. Uso de Derivados y Coberturas:
  - Opciones y Futuros: Instrumentos financieros que permiten asegurar el valor de una inversión contra movimientos adversos del mercado.
  - Swap y Contratos a Futuro: Acuerdos para intercambiar flujos de caja futuros con el objetivo de mitigar el riesgo de fluctuaciones de precios.

3. Establecimiento de Límites y Stop-Loss:

- Límites de Inversión: Definir la cantidad máxima a invertir en un solo activo o sector.
- Órdenes Stop-Loss: Configurar órdenes para vender activos automáticamente cuando alcanzan un precio específico, limitando así las pérdidas.

Análisis y Evaluación de Riesgos

1. Análisis Fundamental:
- Evaluar la salud financiera y las perspectivas de una empresa o activo mediante el análisis de estados financieros, indicadores económicos y datos relevantes del mercado.

2. Análisis Técnico:
- Estudiar los movimientos de precios y los patrones históricos de los activos utilizando gráficos y herramientas estadísticas para prever futuros movimientos del mercado.

3. Evaluación del Riesgo de Contraparte:
- Analizar la solvencia y la capacidad de pago de las contrapartes en transacciones financieras para minimizar el riesgo de crédito.

Herramientas y Técnicas Avanzadas

1. Modelos de Valoración y Simulación:
- Utilizar modelos cuantitativos y simulaciones para estimar el riesgo potencial y los retornos esperados de las inversiones.

2. Análisis de Sensibilidad y Escenarios:
- Evaluar cómo diferentes variables (tasas de interés, precios de commodities, tasas de cambio) pueden afectar el valor de las inversiones bajo distintos escenarios.

3. Uso de Software y Plataformas de Gestión de Riesgos:
- Implementar tecnologías avanzadas y software especializado para monitorear y gestionar riesgos en tiempo real, facilitando decisiones informadas y rápidas.

Psicología del Inversor y Gestión Emocional

1. Toma de Decisiones Basada en Datos:
- Evitar decisiones impulsivas basadas en emociones y centrarse en análisis y datos objetivos.

2. Desarrollo de una Estrategia de Inversión Clara:
- Definir objetivos claros, horizonte temporal y tolerancia al riesgo, y adherirse a una estrategia preestablecida.

3. Educación y Formación Continua:
- Mantenerse actualizado con las últimas tendencias, herramientas y mejores prácticas en gestión de riesgos y estrategias de inversión.

La gestión de riesgos es una disciplina fundamental para cualquier inversor, especialmente en mercados volátiles, donde las oportunidades y los desafíos están presentes en cada esquina. Al adoptar un enfoque proactivo y educado, utilizando una combinación de diversificación, técnicas de cobertura, análisis detallado y una fuerte disciplina emocional, puedes proteger tu capital y aumentar tus posibilidades de éxito a largo plazo. Recuerda que la clave está en estar siempre preparado, informado y ser capaz de adaptarse a las condiciones cambiantes del mercado. Con una gestión de riesgos adecuada, puedes navegar con confianza en el mundo de las inversiones, minimizando pérdidas y maximizando oportunidades.

Capítulo 20: Emociones del Ser Humano a Causa del Dinero

El dinero, como símbolo de valor y medio de intercambio, desempeña un papel crucial en la vida de las personas. Sin embargo, más allá de su función práctica, el dinero está estrechamente ligado a una serie de emociones profundas y complejas que influyen en el comportamiento humano, las relaciones interpersonales y la toma de decisiones. En este capítulo, exploraremos las emociones más comunes que el dinero despierta en las personas y como estas afectan nuestra vida diaria y bienestar emocional.

La Búsqueda de Seguridad y Estabilidad

El dinero proporciona una sensación de seguridad y estabilidad que es fundamental para muchas personas. Las emociones asociadas incluyen:

1. Ansiedad y Preocupación:
   - La preocupación por no tener suficiente dinero para cubrir necesidades básicas como alimentación, vivienda y salud puede generar ansiedad significativa.

2. Sentimiento de Seguridad:
   - Tener suficientes recursos financieros puede ofrecer tranquilidad y confianza en el futuro, reduciendo el estrés relacionado con la incertidumbre económica.

Poder y Control

El dinero puede conferir poder y control sobre decisiones y circunstancias personales y sociales:

1. Sentimiento de Empoderamiento:
   - La capacidad de tomar decisiones financieras y ejercer control sobre el propio destino puede fortalecer la autoestima y la sensación de autonomía.

2. Temor al Perder Control:

- La preocupación por perder dinero o no poder mantener el nivel de vida deseado puede llevar a sentimientos de vulnerabilidad y falta de control.

Estima Personal y Status Social
El dinero puede influir en cómo nos percibimos a nosotros mismos y cómo somos percibidos por los demás:
1. *Autoestima y Valoración Personal:*
   - La capacidad de acumular riqueza o éxito financiero puede estar vinculada a la autoestima y la percepción personal de valía.
2. *Presión Social y Comparación:*
   - La presión de mantener un cierto estándar de vida o de alcanzar un nivel de éxito económico comparable con otros puede generar estrés y sentimientos de inferioridad.

Gratificación y Felicidad
El dinero puede proporcionar acceso a experiencias y bienes materiales que contribuyen al bienestar y la felicidad:
1. *Felicidad Material vs. Bienestar Emocional:*
   - Si bien la adquisición de bienes materiales puede brindar satisfacción temporal, la felicidad duradera suele derivarse más de relaciones personales y experiencias significativas.
2. *Adicción al Consumo:*
   - La búsqueda constante de satisfacción a través del consumo puede llevar a un ciclo de gratificación instantánea seguido de insatisfacción crónica.

Conflictos y Tensiones Interpersonales
El dinero puede ser una fuente de conflicto y tensión en relaciones personales y familiares:
1. *Disputas por Dinero:*
   - Diferencias en las opiniones sobre el manejo del dinero, la inversión o los gastos pueden causar conflictos significativos entre familiares, amigos o parejas.
2. *Impacto en las Relaciones:*
   - Las discrepancias en el manejo del dinero pueden erosionar la confianza y afectar la dinámica interpersonal, especialmente cuando se trata de préstamos, deudas o expectativas financieras.

Conclusiones y Reflexiones
El dinero, aunque esencial para la vida moderna, tiene un profundo impacto emocional en las personas que va más allá de su función práctica. Desde la seguridad y la estabilidad hasta el poder y el control, las emociones asociadas con el dinero pueden moldear nuestras decisiones, relaciones y calidad de vida. Reconocer y gestionar estas emociones de manera saludable es crucial para

mantener un equilibrio emocional y una perspectiva clara en la gestión de nuestras finanzas personales y nuestras interacciones sociales. Al entender las complejidades emocionales del dinero, podemos cultivar una relación más consciente y equilibrada con nuestras finanzas y con nosotros mismos.

Capítulo 21: "El dinero como energía"

En el mundo moderno, el dinero no solo es un medio de intercambio y una medida de valor, sino que también se percibe como una forma de energía que influye en todos los aspectos de la vida personal, social y económica. Este capítulo explora cómo el dinero actúa como una energía dinámica que puede impactar nuestras emociones, decisiones y relaciones, así como su poder para catalizar el cambio y la transformación en la sociedad.

La Naturaleza Energética del Dinero

El dinero no es simplemente un objeto físico o un número en una cuenta bancaria; tiene una cualidad energética que afecta tanto a nivel individual como colectivo:

1. Flujo y Circulación:
   - Similar a la energía en la naturaleza, el dinero fluye a través de la economía, moviéndose de una persona a otra, de empresas a consumidores, y de país a país, impulsando el crecimiento y desarrollo económico.

2. Intercambio de Valor:
   - Cuando se utiliza sabiamente, el dinero facilita el intercambio de bienes, servicios y conocimiento, mejorando la calidad de vida y promoviendo el progreso social.

3. Impacto Emocional:
   - El dinero puede evocar una amplia gama de emociones, desde seguridad y satisfacción hasta ansiedad y estrés, dependiendo de cómo se gestione y perciba.

Dinero y Transformación Personal

El dinero tiene el poder de influir en el crecimiento personal y el desarrollo:

1. Libertad y Oportunidades:
   - Proporciona la libertad de elegir cómo vivir, trabajar y contribuir a la sociedad, ampliando las oportunidades individuales y familiares.

2. Autonomía y Empoderamiento:
   - Capacita a las personas para tomar decisiones autónomas y alcanzar metas personales y profesionales, fortaleciendo la autoestima y la confianza.

3. Responsabilidad y Ética:

- Impulsa a reflexionar sobre cómo se utiliza el dinero y su impacto en los demás, fomentando la responsabilidad social y la ética en las decisiones financieras.

Dinero como Motor de Cambio Social

El dinero tiene el potencial de catalizar el cambio y la innovación en la sociedad:

1. Inversión en Innovación:
- Financia la investigación, el desarrollo tecnológico y las iniciativas empresariales que pueden transformar industrias enteras y mejorar la calidad de vida.

2. Filantropía y Sostenibilidad:
- Facilita la inversión en iniciativas sociales y ambientales que promueven la equidad, la sostenibilidad y el bienestar comunitario.

3. Emprendimiento y Empoderamiento Comunitario:
- Apoya a emprendedores y comunidades locales para crear empleo, promover la educación y fortalecer las economías locales.

Equilibrio y Consciencia Financiera

Para aprovechar plenamente la energía del dinero, es crucial cultivar un enfoque consciente y equilibrado:

1. Gestión Financiera Consciente:
- Practicar la planificación financiera responsable, priorizando el ahorro, la inversión sostenible y la gestión de riesgos para mantener un equilibrio financiero a largo plazo.

2. Impacto Positivo:
- Considerar cómo nuestras decisiones financieras afectan a nosotros mismos, a otros y al entorno, buscando maximizar el impacto positivo en todas las dimensiones.

3. Educación y Empoderamiento:
- Promover la educación financiera y el empoderamiento económico como herramientas clave para mejorar la alfabetización financiera y fortalecer la resiliencia económica.

El dinero es más que una herramienta económica; es una forma de energía que influye en nuestras vidas de manera profunda y significativa. Al comprender y manejar conscientemente la energía del dinero, podemos aprovechar su potencial para el crecimiento personal, la transformación social y el bienestar colectivo. Al mismo tiempo, cultivar una relación equilibrada y ética con el dinero nos permite contribuir positivamente al mundo mientras alcanzamos nuestras metas personales y profesionales.

Capítulo 22: Dinero y Tecnología: Innovaciones que Transforman la Economía

La intersección entre el dinero y la tecnología ha dado lugar a innovaciones disruptivas que están remodelando profundamente el panorama económico global. En este capítulo, exploraremos cómo diversas tecnologías están transformando la manera en que se percibe, maneja y utiliza el dinero, así como su impacto en la economía global y en la vida cotidiana.

Tecnología Blockchain y Criptomonedas
1. *Blockchain:* La Revolución del Libro Mayor Distribuido
   - La tecnología blockchain ha introducido un libro mayor, descentralizado y seguro que permite transacciones transparentes y verificables sin necesidad de intermediarios.
   - Su impacto en las finanzas incluye mayor seguridad, reducción de costos de transacción y potencial para aplicaciones en contratos inteligentes y trazabilidad de activos.

2. *Criptomonedas:* Monedas Digitales Descentralizadas
   - Las criptomonedas como Bitcoin y Ethereum utilizan blockchain para facilitar transacciones seguras y globales sin la necesidad de intermediarios tradicionales.
   - Su adopción ha planteado desafíos regulatorios y financieros, pero también ha abierto nuevas oportunidades de inversión y financiamiento a nivel mundial.

Fintech: Transformación Digital de Servicios Financieros
1. *Innovaciones en Pagos y Transferencias*
   - Las startups fintech están revolucionando los pagos móviles y las transferencias transfronterizas, haciendo que las transacciones sean más rápidas, seguras y accesibles.
   - Ejemplos incluyen aplicaciones como PayPal, Venmo y servicios de pago mediante criptomonedas.

2. *Préstamos y Financiamiento P2P*
   - Plataformas de préstamos peer-to-peer como LendingClub y Prosper conectan directamente a prestamistas y prestatarios, eliminando intermediarios y reduciendo costos.

Inteligencia Artificial y Automatización Financiera
1. *Gestión de Inversiones y Trading Algorítmico*
   - Algoritmos de inteligencia artificial analizan grandes volúmenes de datos financieros en tiempo real para tomar decisiones de inversión más informadas y rápidas.
   - Esto ha democratizado el acceso a la inversión y mejorado la eficiencia del mercado, pero también plantea desafíos éticos y regulatorios.

2. *Asistentes Virtuales y Servicios Bancarios*

- Chatbots y asistentes virtuales en aplicaciones bancarias ofrecen soporte y servicios personalizados las 24 horas del día, mejorando la experiencia del cliente y reduciendo costos operativos.

Impacto Socioeconómico y Consideraciones Éticas
1. Inclusión Financiera y Acceso Global
- La tecnología está ampliando el acceso a servicios financieros en áreas remotas y subatendidas, empoderando a individuos y comunidades para participar en la economía global.

2. Desafíos de Privacidad y Seguridad
- El uso extendido de tecnologías financieras plantea preocupaciones sobre la protección de datos personales y la ciberseguridad, requiriendo medidas robustas de regulación y protección.

Futuro de la Economía Digital
1. Innovación Continua y Adaptación
- El ritmo acelerado de la innovación tecnológica en el sector financiero sugiere un futuro dinámico y cambiante, con nuevas aplicaciones emergentes y modelos de negocio disruptivos.

2. Colaboración y Regulación Responsable
- La colaboración entre sectores público y privado será crucial para equilibrar la innovación con la protección del consumidor y la estabilidad financiera global.

La intersección entre dinero y tecnología está en constante evolución, dando forma a un nuevo paradigma económico caracterizado por la innovación, la eficiencia y la inclusión. Al abrazar estas transformaciones, las sociedades pueden aprovechar el potencial de la tecnología para crear economías más resilientes, inclusivas y sostenibles. Sin embargo, es fundamental abordar los desafíos éticos y regulatorios para asegurar que estas innovaciones beneficien a todos los sectores de la sociedad y promuevan un crecimiento económico equitativo y sostenible.

Capítulo 23: El Futuro del Dinero: Tendencias y Predicciones

El dinero, como lo conocemos hoy, está en medio de una transformación radical impulsada por avances tecnológicos, cambios socioeconómicos y nuevas formas de interacción económica global. En este capítulo, exploraremos las tendencias emergentes y las predicciones sobre cómo el dinero podría evolucionar en las próximas décadas, impactando la economía, las finanzas personales y la sociedad en su conjunto.

Digitalización y Desmaterialización

1. *Adopción Generalizada de Pagos Digitales:*
   - La transición hacia pagos digitales continuará, con un aumento en el uso de aplicaciones móviles, criptomonedas y tecnología blockchain para transacciones financieras cotidianas.
   - Se espera que la desmaterialización del dinero físico avance, facilitando pagos más rápidos, seguros y eficientes a nivel global.
2. *Monedas Digitales de Bancos Centrales (CBDC):*
   - Los bancos centrales exploran activamente la emisión de CBDC, como el yuan digital en China y el e-euro en la Eurozona, buscando modernizar el sistema financiero y aumentar la inclusión financiera.

Innovación Tecnológica y Financiera

1. *Avances en Inteligencia Artificial y Automatización:*
   - La inteligencia artificial transformará la gestión financiera, mejorando la precisión de las predicciones de mercado, el asesoramiento financiero y la personalización de servicios bancarios.
2. *Integración de Blockchain en la Economía Global:*
   - Más allá de las criptomonedas, la tecnología blockchain se utilizará para la gestión de cadenas de suministro, registros de propiedad, votaciones y contratos inteligentes, mejorando la eficiencia y la transparencia.

Impacto Social y Económico

1. *Inclusión Financiera y Acceso Global:*
   - Las innovaciones tecnológicas permitirán una mayor inclusión financiera, llegando a comunidades subatendidas y facilitando el acceso a servicios financieros básicos.
2. *Desafíos de Privacidad y Seguridad:*
   - La protección de datos y la ciberseguridad serán prioridades clave a medida que aumente la digitalización del dinero, requiriendo normativas robustas y tecnologías de seguridad avanzadas.

Nuevas Formas de Valor y Economía Digital

1. *Economía de Plataformas y Tokens Digitales:*
   - Las plataformas descentralizadas y los tokens digitales (como NFTs) cambiarán la forma en que se intercambian y valoran los activos digitales, creando nuevos modelos económicos y oportunidades de inversión.
2. *Sostenibilidad y Finanzas Verdes:*
   - La inversión en proyectos sostenibles y la integración de criterios ambientales, sociales y de gobernanza (ESG) serán fundamentales, impulsando una economía más verde y responsable.

Predicciones a Largo Plazo

1. Integración de Tecnologías Emergentes:
   - La convergencia de tecnologías como IoT, 5G y computación cuántica con las finanzas digitales transformará aún más la forma en que se maneja y se utiliza el dinero en la economía global.

2. Cambios en la Cultura Financiera y la Educación:
   - Se promoverá una mayor alfabetización financiera y digital entre la población, equipando a individuos y empresas con las habilidades necesarias para prosperar en la economía digital del futuro.

El futuro del dinero promete ser dinámico y lleno de oportunidades, pero también plantea desafíos significativos en términos de regulación, seguridad y equidad. Al adoptar un enfoque colaborativo y proactivo hacia la innovación financiera, podemos aprovechar plenamente el potencial de las tecnologías emergentes para construir una economía más inclusiva, eficiente y resiliente. Al mismo tiempo, es crucial mantener un equilibrio entre el avance tecnológico y la protección de los derechos individuales y colectivos, asegurando que las transformaciones en el sistema financiero beneficien a toda la sociedad en su conjunto.

Capítulo 24: La Psicología del Dinero: Comportamiento Financiero Humano

El dinero no solo es una herramienta económica, sino también un campo de estudio fascinante que revela mucho sobre la psicología humana. En este capítulo, exploraremos cómo nuestras emociones, creencias y comportamientos influyen en nuestras decisiones financieras, y cómo podemos entender y manejar mejor nuestra relación con el dinero.

Emociones y Decisiones Financieras

1. Miedo y Ansiedad:
   - El miedo a la escasez o a la pérdida puede llevar a decisiones impulsivas o a evitar el riesgo, incluso cuando podría ser beneficioso a largo plazo.
   - Estrategias para manejar el miedo incluyen la diversificación de inversiones y la educación financiera para entender los riesgos.

2. Codicia y Euforia:
   - La codicia puede llevar a tomar decisiones imprudentes, como invertir en activos de alto riesgo sin una evaluación adecuada.
   - La euforia puede conducir a la sobrevaloración de activos, lo que puede resultar en burbujas económicas y pérdidas significativas.

Creencias y Actitudes hacia el Dinero

1. Creencias Limitantes:

- Creencias arraigadas sobre el dinero, como "el dinero es malo" o "nunca podré ser rico", pueden limitar la capacidad de una persona para generar riqueza.
- Desafiar y reemplazar creencias limitantes con creencias positivas puede fomentar una mentalidad de abundancia y empoderamiento financiero.

2. Actitudes hacia el Ahorro y el Gasto:
- Las actitudes pueden variar ampliamente, desde ser ahorrativo y conservador hasta ser derrochador e indulgente.
- Entender nuestras propias actitudes y cómo afectan nuestras finanzas puede ayudar a establecer hábitos financieros más saludables y equilibrados.

Comportamientos y Hábitos Financieros

1. Planificación Financiera:
- La falta de planificación puede llevar a gastos imprevistos y problemas financieros a largo plazo.
- La creación de presupuestos, el ahorro regular y la inversión planificada pueden ayudar a alcanzar metas financieras y mantener la estabilidad económica.

2. Influencia de Factores Psicológicos:
- Factores como la procrastinación, el autocontrol y la gratificación instantánea pueden influir en nuestras decisiones financieras diarias.
- Adoptar estrategias de gestión del tiempo y autocontrol puede mejorar la disciplina financiera y promover decisiones más conscientes.

Educación y Conciencia Financiera

1. Importancia de la Educación Financiera:
- La educación financiera es fundamental para mejorar la comprensión de conceptos económicos básicos y promover la toma de decisiones informadas.
- Fomentar la alfabetización financiera desde una edad temprana puede preparar a individuos para enfrentar desafíos financieros y aprovechar oportunidades.

2. Autoconocimiento y Reflexión:
- Reflexionar sobre nuestras propias motivaciones, valores y metas financieras puede proporcionar claridad sobre cómo queremos manejar nuestro dinero.
- Practicar la autoevaluación regular puede ayudar a identificar y corregir patrones de comportamiento financiero poco saludables.

La psicología del dinero es un campo complejo y multidimensional que afecta profundamente nuestras vidas y nuestra sociedad. Al reconocer y comprender cómo nuestras emociones, creencias y comportamientos influyen en nuestras decisiones financieras, podemos cultivar una relación más consciente y equilibrada con el dinero. A través de la educación financiera, la autoevaluación continua y la adopción de hábitos financieros saludables, podemos mejorar nuestra seguridad económica y trabajar hacia metas financieras más significativas y sostenibles.

Capítulo 25: El Dinero como Herramienta para la Vida

El dinero, más allá de ser un medio de intercambio, juega un papel fundamental como herramienta para facilitar y mejorar diversos aspectos de nuestra vida. En este capítulo, exploraremos cómo podemos utilizar el dinero de manera consciente y estratégica para maximizar su impacto positivo en nuestras vidas personales, familiares y comunitarias.

El Dinero como Facilitador de Oportunidades
1. Acceso a Educación y Desarrollo Personal:
   - El dinero puede abrir puertas hacia una educación de calidad, capacitación profesional y desarrollo personal.
   - Invertir en habilidades y conocimientos puede aumentar las oportunidades de empleo y promoción, mejorando así la calidad de vida.

2. Mejora de la Calidad de Vida:
   - El dinero permite acceder a servicios de salud, vivienda adecuada, alimentación nutritiva y recreación, mejorando significativamente la calidad de vida de individuos y familias.

Empoderamiento y Autonomía
1. Independencia Económica:
   - Tener recursos financieros proporciona autonomía para tomar decisiones que respalden los objetivos personales y profesionales.
   - La capacidad de financiar proyectos personales y emprendimientos puede llevar a una mayor satisfacción y realización personal.

2. Contribución a la Comunidad y Generosidad:
   - El dinero bien gestionado puede utilizarse para apoyar causas benéficas, proyectos comunitarios y organizaciones sin fines de lucro.
   - La filantropía y la inversión social pueden generar un impacto positivo significativo en la sociedad, fortaleciendo el tejido social y promoviendo el bienestar colectivo.

Estrategias para Maximizar el Impacto del Dinero
1. Planificación Financiera y Presupuesto:

- Desarrollar un presupuesto personalizado y mantener una planificación financiera disciplinada puede optimizar el uso del dinero.
- Establecer metas financieras claras y realistas ayuda a priorizar gastos y ahorros de acuerdo con los valores personales y familiares.

2. *Educación Financiera y Gestión de Riesgos:*
- La educación financiera proporciona las habilidades necesarias para tomar decisiones informadas sobre ahorro, inversión y gestión de riesgos.
- Diversificar inversiones y mantener un fondo de emergencia pueden proteger contra imprevistos financieros y promover la estabilidad a largo plazo.

Desafíos y Consideraciones Éticas

1. *Ética en las Decisiones Financieras:*
- Considerar el impacto ético y social de las decisiones financieras puede promover el bienestar personal y comunitario.
- Evitar prácticas financieras irresponsables y prioritarias puede fortalecer la reputación personal y profesional.

2. *Salud Mental y Bienestar:*
- Mantener un equilibrio entre el trabajo, las finanzas y el bienestar emocional es crucial para una vida plena y satisfactoria.
- Priorizar el autocuidado y el disfrute de la vida puede maximizar el valor del dinero como herramienta para la felicidad y el cumplimiento personal.

El dinero es una herramienta poderosa que puede influir en múltiples aspectos de nuestras vidas. Al utilizarlo de manera consciente y estratégica, podemos maximizar su potencial para mejorar nuestra calidad de vida, promover la autonomía y contribuir al bienestar de nuestra comunidad. Sin embargo, es fundamental mantener una perspectiva equilibrada y ética en nuestras decisiones financieras para asegurar que el dinero sirva como una herramienta para una vida plena y significativa, tanto para nosotros mismos como para los demás.

Capítulo 26: ¿Qué es Optimización Financiera?

La optimización financiera se refiere al proceso de gestionar eficientemente los recursos financieros disponibles para alcanzar objetivos específicos de manera óptima. Implica tomar decisiones informadas y estratégicas para maximizar el rendimiento financiero mientras se minimizan los riesgos y costos asociados. En este capítulo, exploraremos en profundidad qué implica la optimización financiera y cómo se puede aplicar en diferentes aspectos de la vida financiera, personal y empresarial.

Fundamentos de la Optimización Financiera

1. Gestión Eficiente de Recursos:
- La optimización financiera se centra en utilizar los recursos disponibles, como ingresos, activos y capital, de manera eficiente y efectiva.
- Implica la asignación estratégica de recursos para maximizar el retorno financiero y alcanzar metas financieras a corto y largo plazo.

2. Minimización de Costos y Riesgos:
- Identificar y reducir costos innecesarios es fundamental para mejorar la eficiencia financiera.
- La gestión de riesgos también juega un papel crucial al optimizar las inversiones y proteger contra pérdidas financieras potenciales.

Aplicaciones Prácticas de la Optimización Financiera

1. Gestión de Inversiones:
- En el ámbito de las inversiones, la optimización financiera implica seleccionar carteras diversificadas que equilibren rendimiento y riesgo de acuerdo con el perfil de riesgo del inversionista.
- Estrategias como la diversificación de activos y el rebalanceo periódico pueden mejorar los rendimientos ajustados al riesgo.

2. Planificación Financiera Personal:
- Para individuos, la optimización financiera implica crear y seguir un presupuesto personal que maximice el ahorro y la inversión.
- Planificar para objetivos financieros a largo plazo, como la jubilación, la educación de los hijos y la compra de vivienda, también es crucial en este proceso.

Herramientas y Técnicas de Optimización Financiera

1. Análisis de Flujo de Efectivo:
- Evaluar y optimizar los flujos de efectivo entrantes y salientes puede ayudar a identificar áreas donde se puede mejorar la eficiencia financiera.
- Esto incluye la gestión de deudas, la optimización de ingresos y la reducción de gastos no esenciales.

2. Utilización de Tecnología Financiera:
- Herramientas como aplicaciones de presupuesto, plataformas de gestión de inversiones y software de planificación financiera pueden facilitar la optimización financiera al proporcionar análisis detallados y seguimiento en tiempo real.

- La automatización de procesos financieros también puede mejorar la precisión y eficiencia en la toma de decisiones financieras.

Ética y Responsabilidad en la Optimización Financiera

1. Consideraciones Éticas:
- Es crucial realizar prácticas financieras éticas y responsables al optimizar recursos.
- Esto incluye cumplir con las regulaciones financieras, tratar equitativamente a todas las partes interesadas y evitar prácticas financieras fraudulentas o engañosas.

2. Responsabilidad Social:
- Considerar el impacto social y ambiental de las decisiones financieras también forma parte de la optimización financiera responsable.
- Invertir en iniciativas sostenibles y éticas puede contribuir al bienestar de la sociedad y generar valor a largo plazo para todas las partes involucradas.

La optimización financiera es un proceso continuo y dinámico que implica tomar decisiones informadas y estratégicas para alcanzar objetivos financieros de manera eficiente y efectiva. Al aplicar principios de gestión financiera sólidos, herramientas tecnológicas avanzadas y prácticas éticas, individuos y organizaciones pueden mejorar significativamente su posición financiera y contribuir positivamente al desarrollo económico y social. Adoptar un enfoque proactivo hacia la optimización financiera no solo maximiza los recursos disponibles, sino que también fortalece la resiliencia financiera y promueve un futuro financiero más seguro y sostenible.

Capítulo 27: Formas de Ganar Dinero

Existen diversas formas de ganar dinero en la actualidad, cada una con sus características únicas y oportunidades. En este capítulo, exploraremos algunas de las principales formas de generar ingresos, desde métodos tradicionales hasta oportunidades más innovadoras y basadas en tecnología.

Empleo Tradicional y Freelance

1. Empleo a Tiempo Completo:
- Trabajar para una empresa u organización a cambio de un salario mensual o anual es una de las formas más comunes de ganar dinero.
- Proporciona estabilidad financiera y beneficios, pero puede limitar la flexibilidad y el potencial de ingresos.

2. Trabajo Freelance:

- Ofrecer servicios especializados de manera independiente permite flexibilidad en horarios y proyectos.
- Plataformas en línea facilitan la conexión entre freelancers y clientes, ampliando el alcance y las oportunidades de trabajo.

Emprendimiento y Negocios Propios
1. Creación de Empresas:
- Iniciar un negocio propio involucra desarrollar productos o servicios para satisfacer una demanda del mercado.
- Puede requerir inversión inicial y conlleva riesgos, pero ofrece potencial de crecimiento y control sobre las decisiones empresariales.

2. Franquicias:
- Adquirir una franquicia permite operar bajo una marca establecida y seguir un modelo de negocio probado.
- Ofrece soporte y capacitación del franquiciador, aunque implica costos iniciales y regalías.

Inversiones y Mercados Financieros
1. Inversiones en Mercados de Valores:
- Comprar acciones, bonos u otros activos financieros con la expectativa de obtener retornos a través de dividendos, intereses o apreciación del valor.
- Requiere comprensión del mercado y evaluación de riesgos.

2. Bienes Raíces:
- Invertir en propiedades inmobiliarias para obtener ingresos por alquiler o ganancias de capital a través de la revalorización de la propiedad.
- Implica inversiones significativas, pero ofrece ingresos pasivos y potencial de apreciación del valor.

Economía Digital y Oportunidades en Internet
1. Marketing de Afiliación:
- Promocionar productos o servicios de terceros y recibir comisiones por ventas generadas a través de enlaces de afiliados.
- Requiere habilidades de marketing digital y generación de contenido.

2. Creación de Contenido:
- Monetizar blogs, videos en plataformas como YouTube, podcasts o redes sociales a través de publicidad, membresías o donaciones.
- Requiere habilidades de creación de contenido y construcción de audiencia.

Oportunidades Emergentes
1. Criptomonedas y Blockchain:

- Participar en la compra, venta o minería de criptomonedas como Bitcoin y Ethereum, aprovechando la volatilidad del mercado y las oportunidades de inversión.

- Implica comprensión de la tecnología blockchain y gestión de riesgos asociados.

2. Economía Compartida:

- Generar ingresos a través de plataformas de economía compartida como Airbnb (alquileres de corto plazo) o Uber (transporte).

- Ofrece flexibilidad horaria y potencial de ingresos adicionales, aunque puede ser competitivo y requerir dedicación.

Existen numerosas formas de ganar dinero, cada una con sus ventajas y consideraciones. La elección de la estrategia adecuada depende de factores como objetivos financieros personales, habilidades, tolerancia al riesgo y disponibilidad de recursos. Comprender las oportunidades disponibles y evaluar cuidadosamente cada opción puede ayudar a optimizar el potencial de ingresos y construir una base financiera sólida para el futuro.

Para ganar dinero hay que educarse y si no tienes la oportunidad de hacerlo de forma privada, puedes hacerlo a través de internet.

La Revolución del Aprendizaje: Educación a Bajo Costo Gracias a Internet

La era digital ha transformado radicalmente la forma en que aprendemos. Antes, la educación formal estaba limitada a aulas físicas y costosas matrículas. Hoy en día, internet ha democratizado el acceso al conocimiento, permitiendo que cualquier persona, sin importar su ubicación o situación financiera, pueda aprender casi cualquier cosa a un costo muy bajo, o incluso gratis. Aquí te explico cómo puedes aprovechar esta increíble oportunidad.

1. Plataformas de Cursos en Línea

Coursera, edX y Udemy:

- *Coursera y edX* colaboran con universidades de renombre como Stanford, MIT y Harvard para ofrecer cursos en línea. Muchos de estos cursos son gratuitos y solo cobran si quieres un certificado.

- *Udemy* ofrece una vasta colección de cursos creados por expertos en diversas áreas. Aunque la mayoría son de pago, frecuentemente hay descuentos y ofertas especiales que reducen los costos significativamente.

Ventajas:

- Flexibilidad para aprender a tu propio ritmo.

- Acceso a cursos de calidad de universidades y expertos reconocidos.

- Variedad de temas, desde programación hasta filosofía.
2. Recursos Educativos Abiertos (REA)
Khan Academy y MIT OpenCourseWare:
- Khan Academy ofrece recursos gratuitos en una amplia gama de materias, desde matemáticas hasta historia del arte, con videos educativos y ejercicios interactivos.
- MIT OpenCourseWare proporciona acceso gratuito a materiales de cursos reales del MIT, incluyendo apuntes, lecturas y exámenes.
Ventajas:
- Acceso gratuito a materiales educativos de alta calidad.
- Ideal para estudiantes autodidactas y profesores que buscan recursos adicionales.

3. Tutoriales y Videos en YouTube
Canales Educativos:
- Plataformas como **CrashCourse**, **TED-Ed**, y **CGP Grey** ofrecen videos educativos atractivos y bien investigados sobre una variedad de temas.
- YouTube es una mina de oro para tutoriales prácticos sobre casi cualquier habilidad, desde aprender a tocar la guitarra hasta entender conceptos complejos de física.
Ventajas:
- Contenido gratuito y fácilmente accesible.
- Videos atractivos y fáciles de entender.
- Posibilidad de aprender habilidades prácticas y teóricas.

4. Aplicaciones Móviles
Duolingo y Coursera:
- *Duolingo* es una aplicación gratuita para aprender idiomas que hace que el aprendizaje sea divertido y gamificado.
- La aplicación de *Coursera* permite acceder a cursos y lecciones desde tu móvil, facilitando el aprendizaje en cualquier lugar y momento.
Ventajas:
- Aprendizaje portátil, ideal para aprovechar tiempos muertos.
- Interactividad y gamificación que hacen el aprendizaje más entretenido.

5. Foros y Comunidades en Línea
Reddit y Stack Exchange:
- *Reddit* tiene numerosos subreddits dedicados a la educación y el aprendizaje, como r/learnprogramming o r/AskScience, donde puedes hacer preguntas y obtener respuestas de expertos.
- *Stack Exchange* es ideal para resolver dudas específicas en áreas como programación, matemáticas y ciencias.

Ventajas:
- Interacción directa con expertos y entusiastas del tema.
- Resolución rápida de dudas y acceso a debates enriquecedores.

6. Libros Electrónicos y Artículos

Project Gutenberg y Google Scholar:
- *Project Gutenberg* ofrece más de 60,000 libros electrónicos gratuitos, especialmente clásicos de la literatura y textos educativos.
- *Google Scholar* proporciona acceso a artículos académicos y estudios de investigación de manera gratuita.

Ventajas:
- Acceso a una vasta biblioteca de recursos gratuitos.
- Ideal para investigación profunda y lectura complementaria.

Conclusión

La educación a bajo costo gracias a internet no solo es posible, sino que es una realidad al alcance de todos. Con un poco de disciplina y curiosidad, puedes aprender nuevas habilidades, mejorar tu conocimiento en áreas específicas y avanzar en tu carrera profesional sin necesidad de gastar grandes sumas de dinero. ¡El conocimiento está a solo un clic de distancia!

No creas a aquel que te dice, que no hace falta cultivarse para hacer negocios, que con solo actuar seguro aprenderás, pero a perder cien mil veces antes de ganar. Y recuerda invertir en tu mente, porque ella será la que llenará tu bolsillo.

Dedicatoria

A todos mis compañeros de negocios y peripecias,

Este libro está dedicado a ustedes, que han sido mis socios, mentores y amigos en esta travesía financiera. Gracias por compartir conmigo las victorias y las lecciones, los desafíos y los éxitos. Sin vuestra colaboración, apoyo y camaradería, el aprendizaje y las experiencias que dieron forma a este libro no habrían sido posibles.

A todos ustedes, con gratitud y admiración,

Merche Garrido

www.ingramcontent.com/pod-product-compliance
Lightning Source LLC
Chambersburg PA
CBHW071844210526
45479CB00001B/277